Cnámha Scoilte

Split Bones

Julie Breathnach-Banwait

Bobtail
Books

First published in Australia in 2023/An chéad chló san Astráil 2023

© Julie Breathnach-Banwait

Clúdach/Cover art: Aoife Dowd (aoifedowdartist.com)

Paperback ISBN: 978-0-6457489-1-8
Hardback ISBN: 978-0-6457489-0-1
ebook ISBN: 978-0-6457489-2-5

Printed in Australia

A catalogue record for this book is available from the National Library of Australia

I am grateful to/Buíochas ó chroí le:

My family.

Australian Irish language poet and writer, Colin Ryan.

Dr Dymphna Lonergan, Academic Status Holder at Flinders University, Adelaide and member of the editorial team of Tinteán.

Professor Cassandra Atherton at Deakin University, Victoria.

Emeritus Professor Tom O'Donoghue at the
University of Western Australia.

Gearóid Ó Treasaigh, Aisling Ní Choibheanaigh Nic Eoin, Artist Aoife Dowd.

Ann Spendley, Anna Kakesi, Shzan Plandowski.

Frank Murphy and Gerry Grogan at Fremantle Radio,
Raidió Teilifís Éireann – Raidió na Gaeltachta.

Cathal Gates, Lou Moxey, Agnes Loftus, Jemila
Djama, Annie Irlipati and Merridy Pugh.

For support, inspiration, kind words and encouragement.

Go raibh míle maith agaibh.

Canann an t-éan seo   This bird sings
dhá phort   two tunes
an chéad canta   the first sung
silte mar mhil   dripped honey-like
trí theanga rúnda   through secret tongues
ó bhonn putóige   from the depths of the gut
nach gcloiseann mórán   that few hear
an dara fáiscthe   the second feigned
stoite is snasta   plucked and polished
don domhan mór   for the greater world
As barr a béil amháin   from the tip of her mouth only

Leabhair eile ón údar:
Other books by the author:

Dánta Póca, Coiscéim, Baile Átha Cliath, 2020.

Dánta Póca, (Pocket Poems), Coiscéim, Dublin, 2020.

Ar thóir gach ní, Coiscéim, Baile Átha Cliath, 2021.

Ar thóir gach ní, (In Search of Everything), Coiscéim, Dublin, 2021.

Aistrithe ag an údar

Translated by the author

Contents

Brícíní breaca is spotaí aoise

Tumann sé an t-arán sa mhil. Sleamhnaíonn sé mar ghréis síos ar a ordóg.
Airíonn sé meáchan mo shúl. Tugann sé stracfhéachaint timpeall chugam is
leagann sé go réidh é ar bharr a béil. Déanann sí amharc folamh uaidh. Cogaint
mhall. Ardaíonn a cliabhrach le gach cor dá géill. Cuimlíonn sé coirnéil a béil
go máithriúil, ag cúngú a bheola le díograis, a mhístuaim á mhoilliú. Tá lorg
gréine fágtha ar a ghlúine is iad breac le bricíní ubhchruthacha is spotaí aoise.
Munglaíonn siad i gciúnas, i láthair is as láthair lena chéile. I gcompord ciúnas
comhluadair. Líne iarnála a léine ag doirteadh trasna a ghuaillí ag cur coirnéil
air. Ceanglaíonn sé a mhéara lúbtha ar bharr a cathaoir rothaí, is brúnn sé
le cumas is cleachtach, ag fí idir cathaoireacha is boird. Stopann siad chun
cupáin phoircealláin a scrúdú i bhfuinneoga na siopaí, fleascanna lonracha,
foirc airgid, potaí, piliúir. Sníomhann siad le trumpa bog, hataí le cleití ag
pramsáil, fáithim leathan a gúna, cótaí dúbailte is cnaipí óir, bróga tairní
déthonacha, a chuid gruaige greamaithe ar a bhaithis le hola. Ag fáinneáil is ag
luascadh le faobhar is paisean, sular dódh na glúine úd, is sular chlis a corpsa,
is sular fágadh iad i gciúnas bog na haoise.

Speckled freckles and age spots

He dunks the bread in the honey. It slides grease-like down his thumb. Feeling the weight of my stare, he lifts, glancing towards me briefly whilst raising it gently to her lips. She stares away from him. A slow thoughtless chew ensues, her chest rising in a sigh with each shift of her jaw. He wipes the sides of her mouth, motherly, tightening his lips in concentration, his clumsiness and trembling delaying him. The sun has stained his knees and they are speckled with oval-shaped freckles and age spots. They chew in indifferent silence, together and apart, in the comfort of silent company. The neatly pressed lines of his ironed shirt spilling across his shoulders adding corners to his hunched body. He wraps his stiff fingers onto the back of her wheelchair and pushes with skill and practice, weaving between tables and chairs. They stop to admire porcelain cups in shop windows, silver flasks and forks, pots and pillows. They whirl to a soft trumpet. Her wide-hemmed dress, feathers prancing on her hat, his double-breasted jacket adorned with golden buttons, the clip and clop of the two-toned brogues, his oiled fringe slapped limply on his forehead. They twist and sway with zeal and passion before those knees were burnt, before her body failed her, and before they sat in the soft silence of age.

Colg Hans is Mariella

Shnámh siad go faillíoch ar bhruach an chladaigh i bhfad i ndiaidh na scléipe, grabhróga an ghleo. Lobaí cupáin phoircealláin is cluasa crúscaí le rósanna dearga deilgneacha. Imeall óir ar photaí tae, is féinics coscrach ag ardú ó lasracha tintrí dearga ar shásair. 'An *Royal Albert,*' a chaoin Mam go haiféalach, ag croitheadh a cinn. '*Old Country Roses,*' a bhí spáráilte go dtiocfadh Meiriceánaigh nó fear na bpaidríní ar cuairt nó duine éigin a thuill iad dar léi, ach gan iad a chur amú ar na gasúir. Shín sí i línte ar sheilf an drisiúir iad mar dhuais.

Tháinig siad i ndubh na hoíche, méarcheangailte le grá is drúis, a cheap sí. Féasóg fhada ghiobach ag searradh ó smig Hans, is Mariella gealgháireach giodamach, gur fhág siad leis an maidneachan i gciúnas reoite is clabhta eascainí m'athar. Scuab Mam na smidiríní, is síscéal gan insint i ngach píosa. 'Colg is dócha,' a dúirt sí, 'spriúchadh is stoirm.' Is cheangail dlaíóga feamainne thart orthu ina snaidhm mar bharróg gan fáilte, á dtachtadh, is mheall faochain na mara chun na bhfarraigí fairsinge iad mar chomhluadar. Go dtí a mbailte nua gan chion, colg ná máthair.

The rage of Hans and Mariella

Neglected they swam, at the edge of the shore, long after the furore, the crumbs of chaos. Porcelain cup lobes and jars adorned with thorny red roses. Gold-rimmed teapots and saucers with triumphant phoenixes rising from red flames of fire. 'The Royal Albert,' my mother cried regretfully, shaking her head. Old Country Roses, spared for Americans or priests or visitors or someone who deserved them but not to waste them on the children. She stretched them across the shelf of the dresser like a prize displayed.

They came, in the black of night, finger-wrapped full of love and adultery, she thought. Hans' chin heavy-bearded and ragged, Mariella jolly and giddy. They left at dawn amidst a frosted silence and a cloud of my father's curses. My mother swept the smithereens, each its own fairytale untold. 'Rage I suppose,' she said, 'a stormy splutter, I'd say.' Locks of seaweed entangled them, smothered them like an unwelcome embrace and the winkles enticed them out to join them in the depths of the ocean for company. To their new homes without love, rage, nor mother.

Craobhscaoileadh caoch

Chaoin an paidreachán úd – í siúd atá díograiseach dírithe ar ghabháil fhoinn faoin mbreithiúnas aithrí, ollphéisteanna dearga trasna a t-léine ag sligh peacaigh, is tintrí ó ifreann ag loisceadh a ceathrúna le fírinní, a deir sí – go bhfeabhsaíonn an Mhaighdean Mhuire gach uile bhuairt, gur cheart muinín a chur inti, go raibh fianaise faighte aici, gur gabhdán Dé a corp, soitheach na bhfíréin, is í ag soiscéalaíocht ar bhóithre ar bís, is Caoineadh na dTrí Muire á phléascadh aici as ard a cinn, dár gcroitheadh ó shuan chun machnamh a dhéanamh ar ár bpeacaí is go dtabharfadh sí ábhar do bhrionglóidí duit. Sásamh intinne. Suaimhneas anama. Síoraíocht saoil. Chaoin sí go ndéanfaí réiteach ar do chuid is do chás. Thiocfadh meabhair chucu siúd gan tuiscint, chloisfeadh an chluas bhodhar is dhúiseodh focail is glórtha iontu siúd gan smid ná siolla, nach raibh ort ach do lámh a ardú.

D'iarr mé uirthi Mam a fheabhsú le díograis m'urnaí i ngol caoch le deora is bosa fuaite i bpaidir laethúil.

D'imigh sí ar aon nós.

Blind faith

That preacher woman cried – she who is intent, alert and bursting in song about repentance, red serpents on her t-shirt slaying sinners and the fires of Hell scalding her loins with truths – that the Virgin Mary cures all ails and ills, that one should put one's faith in her, she bore witness she said, her body being a God receptacle, a vessel for the righteous, and her gospelling on roads absorbed in prayer with the Lament of the Three Marys bursting from the top of her head, awakening us to repent and reflect on our sins so she'd give us the stuff of dreams. A satisfied mind. A soulful peace. A life eternal. Your plight and people would be saved, she cried. Those without mind would understand, the deaf of ear would hear, and voices and words in those without sound nor syllable would awaken, you had only to raise your hand.

I asked her to heal my mother with fervent words spilled through blinding tears and hands sewn in daily prayer.

She left anyway.

Inimirceach

Déanann sí crónán le mo thaobh. Dordán ciúin a thagann ó bhun a boilg,
measaim ó *Swan Lake*, is bánn sé an manrán ag guairneán im' thimpeall.
Snámhann a guth ar nós leacht mín bog trí mo chluasa. Faigheann an fear
féasógach an caife, dhá stumpa de chupáin dhúdacha, faoi phluid phúdar
seacláide, is cloisim streancán an Mhacadónaigh, is é ag díriú na gcupán giort-
ach ar na sásair.

Cuimlíonn sí a lámh go ceanúil ar nós cleachtaidh nár ghlac sé go héasca.
Dúisíonn scéalta bréagacha ón gcogadh i m'inchinn. Grá i mbraillíní
sneachta Skopje, cótaí fionnaidh fada ag pógadh na rúitíní, is riteoga ribeacha
Rúiseacha, dordveidhilí, Stingl ag cloigíneacht. Hata leathanduilleach is cúl
catach na mná á mhealladh. Gur thosaigh scéal nua sa talamh dóite seo, a
gcuid cótaí troma anois crochta ar chrúcaí meirgeacha chun báis is dusta, ag
fanacht lena gcuairt abhaile. Coirníní cuacha a cuid gruaige fós léi, liath is
curtha faoi smacht ar bhaic a muiníl le bioráin leathana airgid, is craiceann a
gcuid lámha daite le grian is scéalta taistil.

Immigrant

She hums beside me. A murmur out of the body's depths, I suspect from Swan Lake. It soothes the discontent swirling around me. Her voice swims like a soft, smooth liquid through my ears. The bearded man bears the coffee, two stumpy cups buried under a blanket of powdered chocolate. I hear the strum of the Macedonian as he rights the stumpy cups on the saucers.

She rubs his hand warmly, a ritual not welcome it seems. False fables of war awaken my mind. Love in sheets of snow in Skopje, ankle-kissing long fur coats, ribbed Russian tights, cellos, a tinkling Stingl. Wide-brimmed hats and her twisted hair enticing him. Until a new story began in these burnt lands, cold-weather coats now hung on rusted hooks to death and dust awaiting a visit homeward. Her coiled curls still with her, grey and disciplined at the nape of her neck with wide silver pins and the skin of their hands stained with age and tales of shift.

Brionglóid agus eascaine

An áit úd, deora drúchta ag sciorradh síos na pánaí beaga leis an maidneachan, is an tais ag snámhaíl ó bhun balla chloiche, an caonach liath á mhungailt gan trócaire. An áit a bhfuil scread na bhfaoileán ina cheol, ag ciorclú na dtrálaer ag lorg putóige nó eite éisc. Drúcht ag blaoscadh is oighear lag i locháin ag scoilteadh faoi mheáchan shála do bhróg mar chalóga brúite. Feamainn bhoilgíneach ina cocaí ar bharr cladaigh, tarraingthe triomaithe chun tuile is trá. Fiántas na bhfarraigí cúracha. Díoscán maide rámha ar chnoga.

An áit úd, ribe róibéis ag piastáil trí shliogáin na bhfaochan i lochán trá. Gal ag searradh ó photaí stáin, na ́claibíní ag damhsa faoi bhrú a bhrí. Gríosach guail is adhmaid á phléascach i sornóg iarainn, boladh na luaithe dóite á fholmhú roimh bhricfeasta. Siúlóid mhaidine le leadóg ghaoithe ar leiceann, uiscí spréite 'do chaochadh is 'do bheochan. Neantóga ina suí gan suntas gan chontúirt anois, ag múscailt scéalta ó d'óige faoi ghol is rúitíní loiscthe. Deilgne ó chrainn spíonáin, síol froganna mar phluid ar locháin, torbáin ag scairdeadh. Túis id' pholláirí tar éis sochraide i séipéal cloiche i ngleann glas, a dhíon ag dioscán is ag osnaíl le pónáil na stoirme báistí. Tae scalltach i gcupán stáin.

Ansin, an áit úd, mar bhrionglóid, mar mhallacht, nach bhfágtar.

A dream and a curse

There, where dew drops slide down the small windowpanes with sunrise, where dreaded damp and the merciless munching moss rise from stone walls. There, where the seagull's scream is song, taunting trawlers, in search of a fish gut or wing. Where the frost cracks underfoot, thin ice on puddles is split by a heel's weight, like crushed flakes. Bladderwrack gathered in giant cocks atop the Claddagh, piled and dried. The wilderness of foaming waves. The squeak of an oar against a thole-pin.

That place, shrimp squirming through empty periwinkle shells in ebbed puddles. Steam stretching from copper pots, lids dancing and flapping under its hefty heave. Coal embers and cracking wood in cast iron ranges, the aroma of burnt lifted ashes before breakfast. A morning saunter with a wind slap on cheek, spraying water awakening and blinding. Nettles nestled, now unnoted, carrying tales from youth of tears and scalded ankles. Gooseberry tree thorns, a blanket of frogspawn on ponds, darting tadpoles. Incense nesting in the nostrils after a funeral in a stone church in a dark green glen, its roof sighing and squeaking under the pummeling rainstorm. Scalding hot tea in a tin cup.

That place, like a dream, like a curse, that is never left.

Torthaí ospidéil

Gheall Pádraig nach mbeadh i bhfad orainn is an múisiam ag speáráil. Bhí na sprionga 'mo shá sa suíochán leathair ar chúl. Fíonn muid tríd an gcathair le gach díoscán is cas. Crág an chairr ag scríobadh le gach cor den ghiair. Suíonn blas milis a phíopa i mo bhéal, ag iompú mo ghoile ó am go ham.

An-fhear, a déarfadh Deaid ar an gcoirnéal deireanach dár n-aistir is an foirgneamh bagrach úd i radharc romhainn. Scuabann na hothair amach, gaiscígh cogúla, le bindealáin ar bogadh le smáil fola, maide croise is briseadh croí. Seanfhear púicshúileach lag is díomuach ar thralaí meirgeach. Músclaíonn a gcuairt a deora. Impíonn sí ar Dheaid í a thabhairt abhaile, ó screadaíl is eascainí a comharsan lena taobh. Fiabhras, a deir sí, a bhain geonaíl aisti.

Déanann cótaí péinte bolgáin faoi theas an tseanradaitheora, an t-uisce te ag glugarnach mar chuisle croí ina ghoile. Scaoileann Deaid cnaipe bharr a léine le teann allais, súnn sé lán a bhéil d'aer rodta. Comharsa ag clabhstráil tharam ag streachailt le dabhach aeir ag sú isteach as masc le iarracht, i scamhóga seargtha tuirseacha atá á dhiúltú. Beannaíonn m'athair dó, crochann sé a lámh. Sin é an saol, a deireann m'athair, faoina anáil.

Fearas trom leathan, mar mheáchan ar a cosa, ag díriú fhleasc a droma. Is mála silíní dubha lán ina shuí ar bharr boird. Torthaí ospidéil, a deir sí, nach mbaineann le baile. Níor thaitin siad riamh léi. Bhí puth tinnis uathu, mallachtaí orthu, níor tugadh do dhuine i mbarr a shláinte 'riamh iad.

Hospital fruit

Pádraig promised it wouldn't be long now as the nausea sparred. The back seat springs jab my body. We weave through the city with each squeaky turn. The gear stick scratching as it shifts. The sweet taste of his tobacco sits in my mouth, churning the gut from time to time.

Good man, Dad would say on the home stretch, as that threatening building comes into view. The patients shuffle past, war-like warriors, with bloodstained bandages, crutches and broken hearts. A sunken-eyed man sits defeated on a rusty trolley. Our visit entices her tears, begging Dad to take her home to relieve her from the whimpering curses of her neighbour. 'Twas the fever, she said, that made her whine.

Coats of paint blister under the heat of the radiator, hot water throbbing in its innards like a heartbeat. Feeling the heat, Dad loosens his top button and inhales a mouthful of stale air. A neighbour shuffles by attached to a cylinder, drawing in through a mask to withered weary lungs, reluctant to accept. Dad greets him and raises his hand. That's life, he says, under his breath, turning away.

A wide apparatus weighs her legs, straightening the spine. A sack of black cherries sitting atop the locker. Hospital fruit she said, with no ties to home. She never liked them. Holding the stench of illness, she said they were, cursed they were, fruit that no one brought to the healthy.

Cloch ghallúnaí is diamant

I bhfostú i ré chaite, a mheas mé a bhí tú. Geansaí gréagach Nollag, Bíobla Nua-Aoiseach sáite faoi d'ascaill ag loisceadh le díograis, 'do choinneáil fáiscthe is faiteach roimh bhás is beatha. Feall máithreach, a deir tú, a d'fhág smál ort mar nár glacadh ach le píosaí díot. Trí is scór, ag leanacht clainne is mná is saibhreas nár tháinig fós, dar leat, is tú fós óg. Níor shuigh tú leat féin fós, a Fháinche, go bhfeicfeá d'fhaillí is d'easpa, do sholas is pian do phlúchta? Is cé a roinnfeadh do shoiléireacht is do ghealtacht, a shíl tú? Is an tóir mar chéasadh dinglise ionat. Tiocfaidh do bhean a Fháinche, is tabharfar faoi deara, is feicfear nach bhfuil ionat ach réalt atá á dhíriú féin chun solais, is go bhfuil tú id' shuí ansiúd go hainnis idir cloch ghallúnaí is diamant. Is tabharfar compord is suaimhneas duit, a chuardaigh tú, trí shoiscéal.

Soapstone and diamond

I reasoned you were stuck in times past. Gaudy Christmas jumpers and a New Age Bible lodged under your arm, scalding with fervour, feeding a frightful fear of both life and death. And your mother's misdeeds you felt left you stained, as only parts of you were accepted. Twenty-three, chasing family, women and wealth that hadn't come yet, you felt. And you yet young. You hadn't sat with your presence yet, Fáinche, so you could see your wants and lacks, your light and suffocation? Who would share and celebrate your clarity and insanity, you thought? And the hunt like a tormenting tingling in you. Your woman will come, Fáinche, it will be noticed, she'll find that you are a star steadying itself to sparkle, sitting there awkwardly between soapstone and diamond. And you'll be given comfort and peace, that you sought, through gospel.

Bot

An Luan, an Mháirt,
doirteann siad amach ag a cúig ina línte cothroma le deifir is fústar, ina gcuid
bróga snasta is cultacha stáirseáilte á ndíriú, tar éis a bheith ina suí i dtithe
na comhairle ag dáileadh amach comhairlí as cárta ar an bhfón, is ag tapáil
cnaipí ar innill dhúra gan anam, faoi thithíocht, seirbhísí mhaor páirce is
smachtú peataí.

An Chéadaoin, Déardaoin,
doirteann siad amach ag a cúig ina línte cothroma le deifir is fústar, ina gcuid
bróga snasta is cultacha stáirseáilte á ndíriú, tar éis a bheith ina suí i dtithe
na comhairle ag dáileadh amach comhairlí as cárta ar an bhfón, is ag tapáil
cnaipí ar innill dhúra gan anam, faoi thithíocht, seirbhísí mhaor páirce is
smachtú peataí.

An Aoine,
fuadar. Deifríonn siad leo chun cócaireachta ar shorn ina bhfuil fáinne
amháin ar lasadh, scrollú codlatach tríd an bhfón, is ólann siad a bhfolúntas
leis na fíonta nua-aoise úd gan chorc, le blas na n-úll is dath na maoildeirge, a
shuíonn mar aigéad goirt i ngoile.

Bot

Monday, Tuesday,
they spill out in straight lines at five in fuss and fluster, stiffened in polished shoes and starched suits, after sitting in assembly houses serving scripted counsel on the phone and tapping keys on beige machines about housing, ranger services and pet control.

Wednesday, Thursday,
they spill out in straight lines at five in fuss and fluster, stiffened in polished shoes and starched suits, after sitting in assembly houses serving scripted counsel on the phone and tapping keys on beige machines about housing, ranger services and pet control.

Friday,
haste. They rush to cook on those cookers with only one lit hob, a hazy scroll through the phone and drink their share of those corkless new-age apple-and-mulberry wines, that sit in the gut, like a bitter acid.

Beochan

Tá sé ina gheimhreadh anois le trí bliana is í i dteannta ag luascadh le dorcha-das a leannáin, i mbráca gan fuinneog, doras ná teacht as. A anáil ar chúl a muiníl, a mhéara ag tolladh a cinn mar bhál bolla. A ghlór ag tonnadh óna beola, ag scairdeadh, ag meadráil, urnaí is eascainí gan aithint. Fiabhras is tinneas, scís is múisiam masmais. Suíonn sí leis. Faoi mheáchan a phluid iar-rainn. Faoi chlóca a chreidimh.

Nuair a dhéanfaidh an solas briollacadh trí scailp idir áirsí an dorais is cláir adhmaid an úrláir, nuair a bheidh bachlóga ar ghéaga ag beochan mar a bheidís lán, líonta thar maoil le fuinneamh, fanacht is fuil nua, bogfar. Is sínfidh seisean siar mar nach n-aithníonn sé an scaladh úd a chaochann é.

Awakening

It's winter now three years, and she is stranded swaying with the darkness of her lover in a coop without window, door nor respite. His breath is on her neck and his fingers pierce her head like a bowling ball. His voice surges from her lips, cascading and churning, vespers and curses unknown to her. Fever, illness, fatigue, faintness, bouts of blinding nausea. She sits with him. Under the weight of his iron blanket. Under the cloak of his belief.

When light seeps through the gaps between the door hinges and the floorboards, when the weighted buds appear on the branches like they are full, spilling over with energy, awaiting new blood, a shift will occur, and he'll fade, as he won't recognise the glare that blinds him.

Comhghuaillí

Chlutharaigh tú i gcúl mo chinn gur tháinig mé ar lorg do phinn ar chárta
Nollag – an ceann deireanach úd a bhí curtha i dtaisce i bhfráma go barain-
neach mar sheoid óir – ar chúl do phictiúir ar an teallach. Dreoilín brónach
amú sa sneachta ar a chlúdach. Na coirnéil sceite, tréigthe. Shíothlaigh
d'aghaidh bhog romham gan focal. Gach cor, lúb, cas, cuar is eireaball le cor
do mhéire ag cumadh scéalta fút is 'd'ardú ód' thuama socraithe.

Ar bhord mahagaine, tá puchóidí is scraitheanna vearnaise ag bolgadh is
calóga seargtha ag snámh i mbabhla bainne. Tae buí bog i gcupán poircealláin,
craiceann ime is cnocáin suibhe sútha talún ar d'arán baile agat, maidin dhubh
gheimhridh ag réiteach don scoil, dhá bharra teasa curtha agat le mo rúitíní,
ag scríobh leithscéil dom go bhféadfainn an rang staire úd a sheachaint. Díle
ag ropadh pánaí na fuinneoige. Ní dhéanfadh eolas faoi Réabhlóid na Fraince
ná *Operation Barbarossa* tairbhe domsa, mar nach súfainn é, a cheap tú, is go
mb'fhearr liomsa a bheith ag brionglóidí i gcúinní is ag cumadh scéalta faoi
rudaí nár tharla 'riamh.

Is suíonn paistí ded' chorp i mo lámha inniu, 'mo chur i gcuimhne gur agat a
bhí an ceart.

Ally

You nestled in the back of my mind until I came upon the mark of your pen on a Christmas card – the last one that I had frugally saved like a precious jewel – at the back of your photograph on the mantelpiece. A melancholy wren adorned its cover, adrift in snow. The corners frayed and faded. Your soft face appeared before me, wordless. Every twist, loop, slant and tail made by your moving fingers telling tales on you and raising you from your settled tomb.

On a mahogany table, there are pustules and scabs of varnish bubbling, withered flakes swimming in a bowl of milk. Lukewarm tea in a porcelain cup, a skin of butter and mounds of strawberry jam on your homemade bread, a dark winter morning preparing for school, two bars of heat placed at my ankles, writing excuses for me so I could avoid that history class. Rain pelting the window. I needn't know about Operation Barbarossa or the French Revolution anyway, you said, I'd not absorb it, you thought, as I'd rather be dreaming in corners and writing stories about things that never happened.

Pieces of your body sit in my hand today, reminding me of how right you were.

Ag cruthú grá i bparthas bréagach

I ndubh na hoíche, is an codladh do mo sheachaint, an ciúnas mar chadás i gcluas, tugaim leathshúil dhrogallach chaoch ar sholas m'fhóin, an sméideadh soilseach. Tá an leathsféar thuaidh faoi lánseoil le sioscadh cainte is gníomhaíochta, domhan dúisithe i ndóigh bheo. Sleamhnaím go siógach isteach ina cheartlár. Eolas básaithe is beo ag guairneáil as éadan. Romham, fúm, tríom. Stopann cuid de ag bun mo chosa. Déanaim scrolláil leisciúil le m'ordóg, gan suntas, á sciorrbhualadh tharam gan mheas. Glaonn taibhsí ó m'óige is taibhsí nua orm chun comhrá is cainte. Téim ar thóir mo pharthais.

I saol na mbrionglóide tá crainn eoclaipe, is srutháin shiosacha ag rith le fána, blas na lintile im' bhéal, is coinnle fanaile ag dó i gcrúscaí bána, fad na fáideoige ag giortú le gach léimneach den lasair. Is grá, grá, grá, flúirse grá, á roinnt go flaithiúil, á dháileadh amach as potaí le spadal adhmaid i mbabhlaí cré. Grá flaithiúil, maiteach is réidh le scrúdú. Grá gan tomhas, teorainn ná coinníoll. Grá glactha, grá gan mheáchan, grá súgrach, grá dathúil is lonrach, grá cogarnach i ndordán, grá ciúin máithriúil. Grá gan deireadh. Grá éigríochta. Grá nach ngoideann an bás.

Creating love in false paradises

In the black of night, as sleep shuns, the silence fills my ears like cotton, I give a reluctant glance at my phone, alight and beckoning. The Northern Hemisphere is in full sail with rustle and activity, a world risen into life. I take a ghostly glide into its centre. Dead and living worlds churn around me. In front, under me, through me. Some stop dead at my feet. I thumb-scroll lazily in a hazy stare, flicking past carelessly. Ghosts from my youth and new ghosts call me to converse. I seek my paradise.

In this life of dreams, there are eucalyptus trees and flowing whispering rivers, a taste of lentils in my mouth and vanilla candles burning in white jars, weakening wicks with every flicker of the flame. And love, love, love, excessive love, shared generously, served from pots with wooden spatulas into clay bowls. Generous love, forgiving and open to testing. Love without measure, boundary or condition. Accepting love, weightless love, playful love, a beautiful light love, a whispering love amidst the noise, a quiet motherly love. An endless love. An infinite love. A love that death cannot pocket.

Mooncakes

Tá an loch fágtha gan chúram is am an scíth nóna chugainn, cloigíní beaga rothair ag clingeadh, ar shlí go dtí an margadh ar sheanrothar *Raleigh Brooks*, le coscán amháin meirgeach caite. Mála plaisteach riabhach ceangailte ar chúl. Bean lúbtha bhasach ag scuabáil le dhá chiseán rópa trasna a guaillí ar an gcosán romham. Caitheann sí géarshúil orm go hamhrasach. An chulaith dhorcha chumannach ag bá a cnámharlaigh scrutaigh, atá le feiceáil tríd an ábhar tanaí tréigthe. Babhlaí cruach ag tincéireacht leis na cipíní itheacháin miotail i dtithe adhmaid is gal na ríse ag méanfach ó chócaireáin móra. Déanaim margadh leis na díoltóirí go líonaim mo mhála le péitseoga raimhre, lítsí is torthaí trópaiceacha aibí. Sciobann an rambútan dearg mo shúil, is tugaim fáisceadh beag dó chun é a mheas. Fear na bpáipéar le mo thaobh is mé ag ceangal mo sheanrothair, is an Chantainis ghéar á screadadh aige in ard a chinn, ag malartú na *yuan* giobógacha le aon duine a thagann chuige is a cheannódh a chuid irisí.

Suíonn céadta sáinnithe mar sheangáin ag trasnú na dtraenacha. Ó dheas, droichead mór *Guangzhou* crochta os cionn Abhainn na bPéarlaí – ag fuáil dhá thalamh le chéile – is na comaitéirí cruite ag streachlánacht mar scroblachóirí i dtreo na mbialainne le haghaidh an lóin. Ar aghaidh leis an ngíoscán ar an rothar meirgeach. Tá Chen Yu ag sú iógart úr ó bhuidéal le sop ar bhinse ar an mbealach, is gúna rufach mar bhrídeog uirthi ó na seachtóidí. Déanaim malartú beannachtaí léi. Léimeann sí ar an trasnán gan chuireadh, is déanann muid ár mbealach trasna thar dhroichid chruiteacha ghiortacha, is an duilleog bháite sínte mar phluid ar dhromchla locha. Laindéir dhearga crochta ar chrúcaí doirse ag ceiliúradh an bháis, ceoldráma Bhéising ag sianaíl mar phian chráite trí fhuinneoga adhmaid na dtithe, *mooncakes* ag fuarú ar leaca fuinneoige.

Mooncakes

The lake is abandoned, and the siesta is upon us, little bicycle bells tinkle as I am en route to market on an old Raleigh Brooks with one rusted brake. I bind my ribbed plastic bag to the back. A crooked bandy-legged woman sweeps past with two rope baskets balancing on her shoulders. She throws a sinister glance in my direction, her scrawny skeleton swimming in the dark communist uniform, evident through the faded material. Steel bowls tinkle with metal chopsticks in wooden houses, steam yawns from bubbling rice cookers. I bargain with the sellers and fill my bag with plump peaches, lychees and ripe tropical fruit. The red *rambutan* catches my eye and I squeeze to measure its fitness for my choosing. As I tie up my old bike, the newspaper seller is screeching out high-pitched Cantonese, exchanging the ragged yuan dollar with anyone who approaches him for his papers.

Hundreds huddle at a train crossing like restless ants shuffling. East on the large Gaungzhou bridge, hung above the Pearl river – sewing two lands together – hunched commuters shuffle, scavenger-like, towards eateries for lunch. Off I go with my squeaky brakes. Chen Yu sups yoghurt through a straw on a bench en route, in a ruffled dress like a 1970s bride. We exchange niceties. She hops on without invitation and we make our way across short-humped bridges and around lakes blanketed with lily pads. Red lanterns celebrating death are hung on door hooks. Beijing opera screeches through the wooden windows like a deathly tormenting wail. Mooncakes cool on window sills.

Spraoi páiste

Rinneamar carn i lár an urláir leis na héadaí. Cóta liath fionnaidh a tháinig as Sasana i bhfad romhainn a bhain le ré fadó is a d'iompair a rúin féin. Is muid báite ina fhad. Cábaí leathana a shuí ar na guaillí is cnaipí raimhre do mhéara beaga a líonfadh lán na glaice. Scairfeanna síoda a scuabfadh smig. Hataí veilbhite is caipíní feilt le cleití caola éadroma ag pramsáil óna mbarr. Slabhraí óir is seodra snasta ag gléineach ó bhrollach geansaí. Bróiste ag lonrú le clocha gréagacha gorma, criostail chorcra ag sileadh ó chluas. Gúnaí craobhacha le cabhail thrilsithe á ndíriú suas mar mhná fásta stalcacha. Péarlaí slaodacha a phóg na rúitíní. Sála leathana á dtarraingt ag cosa beaga go ciotach. Is muidne ar stáitse bréagach ag rothlú is ag damhsa, banphrionsaí, maighdeana mara, lucht sí, ag tuirlingt le scigireacht an pháiste, amú i gcéille.

Child's play

We piled the clothes high on the floor. A grey fur coat that had travelled from England, belonging to times past, carrying its own weight in secrets. Drowned in its length, we were. Wide collars that sat on shoulders and fist-filling chunky buttons fit for a child's palm. Chin-sweeping silken scarves. Velvet hats and felt caps with tall thin feathers prancing on top. Golden chains and polished jewels shimmering from the chest of jumpers. Brooches glimmering with gaudy blue rocks, purple crystals dripping from ear-lobes. Plaited-bodied flowing dresses straightening us like stiff grown women. Swinging pearls that kissed our ankles. Wide heels dragged innocently by small feet. We are on a false stage circling and swirling, princesses, mermaids, fairy clans, churning and skitting, lost in child's play.

Ciorclú

An bhfuil mórán airgid agat, Bartholomew?
Ní raibh mórán de sin riamh agam.
Ha ha.

Tá sé glanbhearrtha sa leaba. A chosa sínte roimhe, rúitíní trasna ar a chéile. I dteannta. Rud nár ghlac sé go héasca. D'fhéach sé go drogallach ar luascadh an dorais is na cuairteoirí ag doirteach isteach is amach. Iad siúd a tháinig ag a ngaolta féin is a chuala go raibh sé istigh. Sciorr na spéaclaí síos a shrón is shuigh siad ansiúd mar ar imeall cnoc crochta. An *Independent* ardaithe roimhe, á chumhdach ó chomhluadar is ó chomhrá.

Tógfaidh mé do chuid fola anois, Bartholomew.
Cá dtógfaidh tú é?
Ha ha.

Léigh sé le cuspóir. Ag filleadh an pháipéir go cúramach tar éis gach tumadh. A cheann faoi mar ba ghnách. Casaoid chiúin faoin rialtas, cás na mbocht, Paisley ag praeitseáil nimhe ón bpuilpid. Leagtar chun taobh é.

Agus do chliabhrach, cén chaoi a bhfuil sé sin inniu?
Bhuel, táim ag 'ticeáil' fós. Sin rud éicint is dóigh.
Ha ha.

Dúirt sé liom dul abhaile. Bheadh an trácht sin ró-throm. An raibh greim ite agam? Cén chuma a bhí ar na bóithre as Bleá Cliath? Suíonn muid i gcompord na gnáthchainte, i gciúnas, le chéile is scartha. Ag seachaint comhrá faoin dtaom croí. Ag ciorclú i gcuaifeach imní dá chéile.

Circling

Have you much money, Bartholomew?
I never had much of that.
Ha ha.

He's clean-shaven in bed. His legs stretched out, cross-ankled. Pinned. Something he didn't accept easily. He gives a dreaded look towards the squeaking of the door as the visitors spill in uninvited. Those who came to visit family and heard he was in. His glasses slid down his nose and sat there as if perched on a precipice. *The Independent* held high, shielding him from people and conversations.

I'll take some blood now, Bartholomew.
Where will you take it?
Ha ha.

He reads with intent. Folding the paper carefully after each immersion. Bowed-head as usual. A quiet complaint about the government, the plight of the poor, Paisley preaching poison from pulpits. It is put to one side.

And your chest, how is that today?
Well, I'm ticking yet, that's something I suppose.
Ha ha.

He told me to go home. That traffic would be too heavy. Had I eaten? How were the roads from Dublin? We sit in the comfort of ordinary conversation, in silence, together apart. Avoiding the heart attack. Circling in a whirl of worry for each other.

Maidin Domhnaigh ó Penang go Langkawi, 1998

Líonann sí an suíochán folamh lem' thaobh, folt sleamhain iarnáilte is lonrach
ag doirteadh síos a droma, cumhrán muscach 'mo chaochadh, a craiceann
cóirithe le hola is fuaite go lag ar chnámharlach caite, na greamanna faoi strus.
Barr a guaillí loma pógtha ag grian. Leagann sí leabhar ar a gabháil, teideal
nach n-aithním, litreacha óir ag screadach trasna an chlúdaigh, scéalta deartha
i gcolúin charachtair Shínise. Útamáil is tónacán. Clic búcla.

Tiontaíonn sí a cuid gruaige is tumann sí a súile sa leabhar, á mungailt mar
chíor, leánn sí isteach sna leathanaigh. Síneann an t-óstach tuáillí fliucha
chugainn, ní chrochann sí súil air is í ag cuimilt a méar.

Crónán inneallach. Í fós amú sna pictiúir scríofa. Sníomhaim scéalta faoina
fuarála, a cuspóir, cumas a cuid cantachta, feidhm a turais, a mealltóireacht.

Ar ais ar talamh, deifríonn sí uaim ina cuaifeach, a cuspóir ag cur teannadh léi.
Sciorrann sí mar bhean sí trí lúbraí dorchlaí an chríochfoirt, is cognaítear í trí
dhoirse sleamhnáin amplacha.

Sunday morning from Penang to Langkawi, 1998

She fills the vacant seat beside me, ironed glistening tresses spilling down her back, her musky perfume stinging, her oiled skin sewn to spent bones, the stitches straining. The tips of her shoulders are bare and sun-kissed. A book is placed on her lap, a title unknown, golden letters scream from its cover, stories designed in columns of Chinese characters. Shuffle, rummage. The click of a buckle.

She flicks her hair, digests the print, a cud-like chewing of words. She melts into the pages. The steward hands out the hot wet towels, she wipes her fingers without raising an eye.

Purr of the engine. Still lost in written pictures. I spin stories about her indifference, purpose, the power of her beauty, the need for her journey, her enticement.

On land, she weaves like a whirlwind, aim-driven. She slides banshee-like through the dark mazes of the terminal and is chewed through hungry sliding doors.

Fuinneog na bpánaí beaga

Ba ag an bhfuinneog ard úd a bhíos, le mo dheirfiúr, ar mhaidin dhúr na
Samhna, lár chathair na Gaillimhe. Beithíoch bagrach gan anam a cheap mé
a bhí sa bhfoirgneamh céanna. Cill gan chroí, is an caonach liath á cogaint
óna bun, ag guairneán le buairt, bás is geonaíl, is cruóg na gcótaí bána, ag
scinneadh is ag leá trí artairí cúnga na cathrach gríobháin le cuspóir is fuadar.
Is teanga fhoirmiúil úd an ghnó fós nua domsa. D'fhágas lorg mo mhéire sa
bpuití thart timpeall na bpánaí, ag fanacht go bhfeicfinn iad taobh istigh.

Is chonaiceas í. Faoiseamh. Róbáilte. Mascáilte. Lámhainní fada searrtha chun
a huillinneacha. Chroch sé lámh orainn tríd an bhfuinneog ard úd leis na
bpánaí beaga, é bán síógach le laige. Sáim amach mo theanga. Déanann sé
amhlaidh. Ardaíonn sé dhá mhéar taobh thiar dá dhroim. Ligeann muid sciot,
is cludaíonn muid ár mbéil le hiontas bréagach.

Bhí buaireamh ar a haghaidh. Dá buachaill. Don taoide nárbh fhéidir léi cosc,
dá Dia fuarálach a sciobfadh uaithi é gan smaoineamh. Is rinne sí an faire
faiteach trí gach sámhán, is shéan a corp bia is deoch. Thréig sí compord a
codlata, seachas cúpla néal a bheathódh inchinn thráite. Goidte ar tholg ina
suí. Is mhair sí ar ceal i gclabhta an anró. Go bhfeicfeadh sí. Go mbeadh sí
réidh. Ar fhaitíos.

Is mhair mise ag faire uirthi, ag faire air, is a bpian ag tuile is ag trá.

The small-paned window

It was with my sister, I was, aside the tall window of that hungry building, a damp November morning, Galway centre. A soulless threatening beast I thought that building was. A heartless cell, chewed from her foundations by moss, swirling with stress, death and whimper, and the fuss of the white coats, skimming and melting through the tight arteries of this maze with intent and bustle. With that formal tongue, yet new to me. I moulded the shapes of my fingers into the putty waiting to see them inside.

And I saw her. Relief. Robed. Masked. Long gloves stretched to the elbows. He raised his hand behind the tall small-paned window, ghostly pale with weakness. I stick out my tongue, he does too. He raises his two fingers behind his back. We skit and cover our mouths in false surprise.

She had a worried face. For her boy. For the tides she couldn't stop, a thought-less God who could take him. And each nap aroused by a frightened jolt, and her body denying itself food and drink. She abandoned the comfort of sleep, but for a hazy slumber that would briefly feed a weary mind, stolen sitting. And she lived postponed, in a cloud of distress. To see. To be ready. Just in case.

And I watched her, watching him, whilst both their pain ebbed and flowed.

Taisteal intíre go Bullsbrook, WA

Suaimhníonn síocháin na maidine an talamh. Ardaíonn an ghrian, 'mo cha-
ochadh go mall is mé ag taisteal i dtreo an oirthir, trasna an fhiántais mór
gainmheach i mbealach an duilliúir romham, áit a ngreamaíonn saíocht i
bhfoscadh. Diúlann na traenbhóthair mé fúthu, 'mo phlobarnaíl amach gan
chúram. Codlaíonn an bóthar romham mar thaibhse teanga, leadhbanna
leathana leathracha liocrais, is an tarra dubh ag bogadh i locháin faoi ionsaí
theas na maidine. Sroichim an baile beag dúr, aosta is bocht, tirim is traochta,
lorg loisceadh na gréine ar na ballaí buí tuirseacha, caite le dó. Seanstáisiún
peitril meirgeach, tithe na ndráibhéirí, seantrucanna ag iompar chláir toinne,
is madraí séideánacha ag cneadadh, ceangailte ar a ndroim.

Ceol tuaithe á shrónaíl ó charranna ar chosáin. Torathair mhianadóireachta
ag fuadar tharam faoi chúram, ag iompar tolladóirí is tochaltóirí amplacha
ag réiteach don ghoid mhór ón b*Pilbara*. Crainn *Kalamunda* sa gcúlra, níos
fuaire sa samhradh a deir muintir an airgid, ach nach gcreidim iad. Níl sna
crainn sin ach fad ón bhfarraige a mhíním dom fhéin go réasúnta. Ní bheadh
a' fhios agam cá mbeinn, is treoshuíomh ar m'inchinn.

Móinéir loiscthe le splanc an tsamhraidh, tomacha ag screadaíl i bpian a ndó,
á réiteach féin do chneasú is scíth an gheimhridh. Gleannta *Chittering* ag baint
searradh as a ngéaga, is díon crann breactha mar bhruitíneach ar chneas páiste.

Travelling inland towards Bullsbrook, WA

The morning's peace calms the lands. The rising sun blinds slowly as I travel east, across the vast sandy wilderness towards the green, where the civil sit in shade. Road trains inhale me under, spluttering me out carelessly. The road sleeps like a ghostly tongue, wide flaps of leathery liquorice, with black tar softening in puddles under the attack of the morning heat. I reach the dour little village, aged and poor, dry and weary, stains of scalding sun on its weather-worn walls. An old rusty petrol station, drover-homes, old utes carrying surfboards, panting dogs tethered to their backs.

Country music twangs from parked cars. Great mining ogres chugging by under care, carrying gluttonous diggers and drillers, preparing for the big steal from the Pilbara. Kalamunda's green in the background, cooler in winter, say the wealthy. I shrug. These trees are only far from the ocean, I reason to myself. I wouldn't know where I'd be, I think, with orientation on my mind.

Meadows singed from summer scalding, a bush screams in burning pain, preparing for healing and winter's rest. The glen of Chittering stretches its branches, and a roof of speckled trees settles in the glen like measles on a child's skin.

Fanaí

Níor chuir mé súil orthu, níor dhiúil mé tairbhe as a gcríonnacht, na tithe lúbtha cama úd, ag crónán amach seanchais is staire ar shráideanna, i bhfolach i scáil na seiceamar óir, i measc na mbolcán marbh millteach, ar dhroim na ndroichead cruiteach leis na huiscí tulcacha ag scairdeadh i srutháin shíodúla, mar gur chodail siad i m'intinn is m'anam, is mé báite sa gcréafóg dhearg, cruógach á mbrú ó chuimhne, á gcur, á séanadh, á bhfágáil ag mo dhaoine chun a n-iontas is a n-áilleacht a adhradh ar mo shon. Bheannaigh siad díom mar dheoraí, ar nós gur chuma leo, gur fhill mé abhaile.

Wanderer

I paid no heed to them nor absorbed their wisdom, those twisted houses, crooning out folklore and history on streets, hidden in the shadow of the golden sycamore, amongst the slumbering volcanoes, on the back of humped bridges with vibrant waters gushing in silken streams, as they lay dormant in my mind and soul whilst I was buried in red soils, diligently erasing them from my memory, burying them, denying them, leaving them to my people to adore their wonder with awe on my behalf. They greeted me like I was a stranger, and shrugged with apathy on my return.

Oíche in Ollscoil Bhéising

Tugann an dorchadas ar an mbaile liath seo cuairt go snámhach. Titeann na stiallbhratacha dearga de phleist i measc na bhfoirgneamh cumannach atá neadaithe go stuacánach i línte, réidh le géilleadh do chodladh na hoíche. Tá na hialtóga ag séideadh a bhfeadaíola, á réiteach féin, le haghaidh eitilt na hoíche is an tseilg throdach.

Gruaig le gaoth, táim ag rothaíocht liom i dtreo Ollscoil Bhéising, an slabhra ag seabhrán faoi mo chos le gach tarraingt is brú, is ag cur pian dúr i mo cholpaí leis an mbrú deireanach ar shíneadh ardán an chosáin.

Tá na micléinn ag streachlánacht anonn is anall le babhlaí stáin is cuitléireacht phlaisteach, ag tarraingt a gcuid slipéar leo faoina gcosa. Teirmeas lonrach leagtha sa bhforhalla réidh chun na maidí itheacháin a ní más gá. Dírím m'aghaidh ar an staighre coincréite i dtreo halla na mac léinn. Trí bhraillíní cadáis is leabaí ratáin, sciortaí is léinte nua-ghlanta crochta chun triomú.

Déanaim glanadh ar na lítsí is déanaim suntas den phota mór cócaireachta, na lasracha arda, sciotaíl na mac léinn. Cruach leabhar buí-bhileogach, lán le breacphictiúrí chun an leadrán a bhriseadh. Portráidí de *Mao Zedong* ag faire go hamhrasach, ag tomhais gach gluaiseacht is gach cor. Gaothrán meirgeach os ár gcionn ag speáráil leis an teas. Luím ar leaba chrua ratáin, buíoch faoin sioscadh im' chuideachta, is amárach cá dtabharfar mé?

A night in Beijing University

The dark visits this grey town sluggishly. The red bunting falls limp amongst the communist buildings nestled stubbornly in rows, ready to succumb to the night's sleep. The bats are whistling in preparation for the night's fighting flight and hunt.

Hair to the wind, I pedal to Beijing University, chains whirring underfoot, aching the calves with the last push of the stretch of a steep hill.

Slippers shuffling, steel bowls and plastic cutlery in hand, the students shamble back and forth. Tall glinting thermoses sit in the foyer to wash the chopsticks. I shift my attention towards the concrete stairs to the student's mess, three cotton sheets and ratan beds, freshly washed skirts and shirts hung to dry.

As I peel the lychees, I notice the large cooking pots, the dancing bare flames, the giggling students. Stacks of yellow-paged picture books to ease boredom. A portrait of Mao Zedong, observing suspiciously, measuring each movement and shuffle. A rusted gold fan overhead, sparring with the heat. I lie on the ratan bed, grateful for the whisperings surrounding me and wonder where tomorrow will take me?

An plána dearg: Maidin Domhnaigh le Deaid

Le cuspóir, a sciorr an plána dearg úd trasna an chláir faoi mheáchan a lámha, siar is aniar le rithim mhall. Cruinním na scamhacháin adhmaid i mbuicéad gasúir lena thaobh – ceann dearg, leis na sliogáin dhathannacha, an chrosóg mhara is na bundúin leice, a fuair mé óm' dheirfiúr. Iad ag curláil mar ghlibeanna ribí gruaige i mo mhéara boga.

Scuabann sé an dusta is séideann sé go láidir ar an gclár ina lámha, á chuimilt is á áireamh, deannach ag damhsa os a chionn sa ngriansholas. Feadaíl bheag shrónach ag ardú a chuid muiníne, is é sásta lena chruthú. Téip thomhais dhonn ag gobadh óna phóca is seasaim réidh chun an luamhán a chasadh tar éis a chuid áirimh, é ag comhaireamh ina cheann, seacht faoi cúig is cúig faoi seacht. Blogam fuisce ag dúnadh an lae, i gcathaoir tiomána *Escort Ghia* i gcúinne an sciobóil. Buidéilín beag *Jameson*, báite go barainneach i seanbhuatais rubair ghlas, i ngan fhios d'éinne a cheap sé, is muid uilig ar an eolas. Mála ataithe salach scealláin lena thaobh, gearrtha leis an maidneachan, 'Fainic an scian ghéar sin,' ar sé go cosantach, 'maith an bheainín.' Is madra caorach, smig le talamh, ag grúscán is ag osnaíl faoina chosa, is a leathshúil á leanacht go dílis.

The red plane: A Sunday morning with Dad

With purpose, that red plane slid across the boards under the weight of his hands, back and forth rhythmically. I collect the wood shavings in a child's bucket by his side – the red one, with the colourful shells, the starfish and the sea-anemone, that I inherited from my sister. They curl like locks of hair in my soft fingers.

He sweeps the dust and blows on the board in his hands, smoothing and measuring his work, particles prancing overhead in the sunlight. A nasal whistle increasing his confidence, he is content with his creation. A brown measuring tape peeps from his pocket, I'm ready to twist the wheel after his calculations, he counts, seven times five and five times seven. A gulp of whiskey at the end of the day, in the driver's seat of an old Escort Ghia in the corner of the shed. A little bottle of Jameson, frugally stored in an old green rubber boot, secretly, he thought, and us all well aware. A swollen bag of potatoes sets sit aside him that he had sliced that morning. 'Watch that sharp knife,' he'd say protectively, 'good girl.' An old sheepdog, chin to the floor, snorting and sighing underfoot, follows each move with his eyes loyally.

Stoirm ar an dara trasnú – Caolas Penang, 2014

Scinneann cochall scamall bagrach tharainn faoi dheabhadh. Seasann an dá thúr chomhthreomhara ar nós cipíní laga adhmaid, cosa tanaí na bhfathach, is muidne ar an 35ú hurlár. Sceitheann an spéir splancanna tintrí, dúisíonn cúinní an tseomra is luascann an foirgneamh faoi mheáchan bhá na dílí in aghaidh na fuinneoige. Ardaíonn is géilleann an t-aigéan romham, a bolg ag maistreadh amach a cuid. Tá an dara trasnú ag pléascadh faoi mheáchan tráchta. Gluaisrothair ag iompar clanna iomlána mar sheangáin ag trasnú géag chrainn, ag scinneadh, cótaí ar a gcinn á bhfoscadh mar chosaint ón monsún. Déanann siad iomramh tríd an stoirm ar nós treafa trí thaos aráin. Beagán foscaidh ar mhuineál an droichid, ar chúl carranna ar a ngogaide, i bhfolach, ag fanacht le himeacht ama gur féidir leo rith is colg na gclabhtaí fós á mbagairt, ag spochadh ar an aigéan ardú léi, is clampar a tharraingt. Barranna bána na dtonnta crosta ag damhsa gan trócaire, ag coipeadh na mbád iascaigh beaga lena gcolg. Clúdaíonn mo mhaicín a chluasa le gach búir, gach lasair, gach sá, is an spéir anocht mar thaibhse i dteannta ag búireadh in *Penang*.

Storm at the second crossing – Penang Straits, 2014

A hood of threatening clouds scurries past hastily. The two parallel towers stand barely erect like weak wooden sticks, the frail legs of giants. We are on the 35th floor. The sky spews bolts of lightning, awakening the dark corners of our room, our building trembles under the weight of the monsoon against the window. The ocean rises and yields before me, its belly churning out its innards. The second crossing is bursting under the weight of traffic. Motorbikes carrying whole families, coats atop their heads for shelter, shuffle like ants crossing tree branches. They wade through the dough-like storm, finding respite at the bridge neck, hunkered behind cars, hiding, awaiting the passing of time so they can flee from the threatening clouds taunting and sparring with the ocean to churn. Frothing, raging waves dance mercilessly, churning the little fishing boats with their rage. My little son covers his ears with each pound, each flash, each stab, with the sky tonight like a cornered phantom baying in Penang.

An bealach abhaile go teanga mo mhuintire

Níor ghlaoigh tú orm, a shearc sheasmhach, ach gur thuirling mé ar thuras
sa tóir ort mar stalcaire ar sheanleannán ón scáil, mar go mb'fhoscúil d'ucht
i m'óige, is ba chumhdach do cholainn chniogtha. Is d'fhan tú taobh liom i
gciúnas is sa ngleo garbh, mar dhealg ag broidearnach i gcúl mo chinn.

Mise a lean go cúthaileach gan smid, mo chlúdach féin sa scáil, mar pheasgh-
adaí creiche. Nár labhair focal, ach a sheas go faiteach i do chuideachta gur
ghoid mé lán na súl is cluas is gur aithin mé do chorp romham. Bhlais mé
dhíot le barr mo mhéara, shlog mé tú mar dheoir ghoirt ar leiceann. B'éadrom
m'ucht gur fhuair mé tú san áit inar leag mé tú is deannach na mblianta dod'
phlúchadh. 'Tú craptha, meirgeach mar long iarainn ar thóin poill, stalctha,
leath-thréigthe, tuirseach, brúisciúil ar iachall do dhúiseachta, teolaí mar
phluid, teanntásach is fáilteach.

The route home to the language of my people

You didn't beckon, my steadfast love, but I stumbled on a journey to seek you, like the stalking of an old lover from the shade, as your lap was once sheltering in my youth and your beaten body warm. And you stayed with me through silence and roar, a throbbing thorn in the back of my mind.

It was I that sought you, silently skulking in shadows, like a preying pickpocket. Not a word uttered, but stood in shy silence in your presence, 'til I stole an eye and an earful and recognised your body before me. I tasted you with the tips of my fingers, I swallowed you like a bitter tear on a cheek. My chest lightened when I found you where I had placed you, smothering under the dust of years. Crippled and rusty you were, an iron shipwreck on the bottom of the ocean, firm, half-faded and tired, surly on your forced awakening, cosy like a blanket, assuring and welcoming.

Tusa agus John Hume

Bhí John Hume ina sheasamh sa bhforhalla, cheapas ag machnamh ar chúrsaí síochána, cuma ghoilliúnach ar a aghaidh. A chuid gruaige snasta, slíoctha, smachtaithe. Caife ar bhord ard in aice leis, gal ag searradh ón gcupán giortach dúdach, lorg a bhéil sa gcúr bán, culaith stríoctha dhúghorm an ghnó ag cruachan bhoigeacht a ghrua, is mé ag fanacht leat.

Is mo scéal cumtha agam le tús is lár, an deireadh fós gan chruthú. Mo chuid bróga ró-ard is ró-chúng. Guaillí bioracha cothroma, mo leathnú, mo dhíriú, mar bhréag cumtha. Seasamh stalcánta muiníneach ach bréagach. An t-urlár ag sú ghreim na gcos. Gur scuab breachtaí is ortha trasna m'aghaidh, mo lagú, nuair a rinne tú an mustrach úd im' threo.

Chuaigh mé ar strae i mboigeacht do ghnúise cineálta, do stiúir, d'údarás, doimhneacht do shúile donna is shleamhnaigh mé i logán laigeacht an ghrá sular dhúirt tú focal.

You and John Hume

John Hume was standing in the foyer, reflecting, I reasoned, on peace matters, his face troubled. Smooth-haired he was, polished and disciplined. Coffee on a tall table beside him, steam stretching from the stubby cup, the trace of his mouth in the white froth, a dark blue stripy business suit hardening his soft face, as I waited for you.

I had prepared my story with a beginning and middle, the end yet uncreated. My heels are too high and too tight. Pointed balanced shoulders widening me, straightening me, like a lie told. A confident but false stiff standing. The floor absorbing the grip of my toes. Spells and charms swept across me, weakening me, when you sauntered towards me.

I strayed in the softness of your kind face, your wholeness, authority, the depth of your brown eyes and succumbed to the weak depths of love before you uttered even one word.

Rotorua – An Nua Shéalainn 2011

Tá na clocha ag análú a gcuid luaithe ruibhe. Ar baile a shuíonn an sulfar gan chuireadh inár bpolláirí. Adhrann muid i bhfad uaidh, troideann muid a ghéire is tréigeann sé trína gcuid mascanna laga a chruthaigh muid le giodar ag tús na cuairte. Tá an phuiteach ag grúdú neascóidí móra teo is faireann na cuairteoirí na géasair ag séideadh lán a gcuid srón lena seilí go sotalach. Buaileann muid ár mbosa ag moladh áilleacht na pléisce is greamaíonn bladhrach an Haka is an chosaíocht throm inár gcluasa. Tatú an tréanfhir is an tā moko ag maisiú a gcraicinn is ag tabhairt ceangal dá dtreibh is sneachta ar bharr cnoic ag sileadh mar uachtar tiubh. Altáin cúnga, fánsruthanna fíochmhara, uiscí na n-aibhneacha ag preabadh go trodach, ag dúiseacht a cuid cuairteoirí óna saol strambánach ó chathaoireacha leathair is boird ghloine na n-oifigí go bhfeicfidís go bhfuileadar beo chun nádúr a smachtú is a cheansú le cumas fir.

Rotorua – New Zealand 2011

The rocks exhale sulfuric ash. Resting uninvited in our nostrils. We worship from afar, fighting its sourness as it seeps through our porous masks, created hastily at the start of our visit. The soil brews great hot mud blisters and the visitors observe the geysers arrogantly squander the contents of their noses. We clap in praise of the bursting beauty and the hollering of the stomping Haka warriors sits heavily in our ears, decorated *tā moko* connecting them to tribes. Snow drips from mountain tops like thick cream. Narrow gorges, wild rapids and river waters pulsating aggressively, arousing her visitors from their tedious lives of leather chairs and glass office tables to confirm that they are alive to appease and control nature with the strength of man.

Mar nach bhfuilim ach seacht

Táim seacht. Scuabann na hadhraitheoirí chun na haltóra, tá srannán na bpaidir im' chluasa is pian an chéasadh 'mo chéasadh. Is neamh é, is lúcháir é, níl uainn ach é a deirtear, is b'fhearr domsa a chorp a ghlacadh isteach i mo chorp féin, ag leá trí na cnámha, ag guairneán insna hartairí. Tá dóthain i mo chorpsa, cheapfainn, go réasúnta.

Is peacach mé a chuirtear i gcuimhne dom, cruthaím iad siúd sa mbosca dorcha, (ceann trom is ceann éadrom a deirtear liom, mar chothromaíocht). Tá glór bagrach ag an bhfear dorcha is ní bhreathnaíonn sé im' threo. B'fhearr liom mo chuid peacaí a choinneáil dom fhéin is ní fheicim a locht, a shílim go réasúnta. Is táim seacht.

Táim réidh mar bhrídeog lae pósta i ngúna leamhacháin a thuill mé ó mo dheirfiúracha chun déanamh dá réir, a bheith múnlaithe, 'bheith glactha, is mé ag smaoineamh ar an gcluiche peile is an stádas nua a fuair mé ó mo dheartháir mar chúl báire. Ag tnúth le ham spraoi mar nach bhfuilim ach seacht.

Ní thuigim srannán na bpaidir úd im' chluas ná fáth mo chuairte sa séipéal seo leis na bínsí dorcha adhmaid, an túis ag ardú mar nathair dheataigh is íomha an chéasta 'mo chéasadh, mar nach bhfuilim ach seacht.

Because I am only seven

I am seven. The worshippers shuffle towards the altar, prayers drone in my ears, the pain of crucifixion crucifies me, it is heaven, it is joy, it is all I need I'm told and I'd better accept His body into mine, melting through bone, swirling in the arteries. My body is enough I reason.

I am a sinner. I am reminded. I create those in the dark box (a heavy one and a light one I am told, for balance). The dark man has a threatening voice, and he doesn't look my way. I'd rather not share my sins, and I don't see their faults, I reason. I am seven.

I am prepared, bridelike at a wedding, in a meringue-like dress earned from my sisters to do as I must, to be shaped, accepted. I am thinking about my new status as a goalkeeper reaped from my brother in football. I wait for play as I am only seven.

I don't understand this drone of prayers overhead or the reason for my visit here in this church with the dark wooden benches, the incense rising in a snake like smoke and the image of crucifixion crucifying me, because I am only seven.

Nuair a ghéilleann an fómhar

Ardaíonn na huiscí le hosna thromchroíoch, ag titim ar nós easa, ag sceitheadh amach lán a boilg de speach. Tá na duilleoga ag glacadh néal faoi chrainn nochta, a gcorp briosc is seargtha, tréigthe, ag curláil is ag rollú fá shéideadh bog an fhómhair. Na crainn lom is leis, seasc is folamh, a n-uaigneas ar seo gan dilliúr ná comhluadar bláth, gan stíl ná gaisce, a gcnámharlach tanaí taibhsiúil fágtha gan chuideachta.

Lagaíonn mo chorp in áilleacht an chanbháis. Tá m'imreasc ataithe ina ndath. Cognaím an radharc idir na fiacla, blaisim de i mo bhéal. Táim á shlogadh i gcarnáin, i ngeampaí. I gcaidhtí tiubha trí phíobáin mo choirp, á ndíleá go spalpach, mar gur paidir gach plaic, le buíochas, is an fómhar ag pábháil go místuama ag fanacht le sléacht an gheimhridh.

When autumn yields

The waters surge with a heavy-hearted sigh, cascading like falls, spewing out bellyfuls in spasms. The leaves nap under the naked trees, their bodies brittle and withered, abandoned, curling and rolling under the gentle blow of autumn. The trees are bare, bald, barren and empty, their loneliness on display without leaf nor the company of flower, without style nor swank, their ghostly skimpy skeletons friendless.

My body weakens in the presence of the canvas. My pupils swell in their colours. I chew the sight between my teeth, I taste it in my mouth. I swallow in great gobbets, in chunks. It slithers through the body's pipes, digesting it thirstily, each bite a prayer, with gratitude, as autumn stumbles awkwardly whilst waiting for the winter's slaying.

Fiach míthrócaireach ar ghrá

Labhraíonn sí a cuid seanmóirí, is braitheann sí a bás lena taobh á priocadh
mar dhealg bhiorach. Á dingeadh faoina craiceann ó aimsir a hóige. Beidh
an bás céanna cóir is álainn, ar sí, ciúin is ag tairiscint saoirse. Is fágfaidh sí a
buachaill le focail cineálta le cur ina phóca brollaigh, cóngarach do chuisle a
chroí, is déarfaidh sí a cuid faoistine nach bhfuil aici ach grá dó. Arís is arís
is arís. Is go bhfuil tuth a cuid faillí timpeall uirthi. Is dófar a corp le ceol a
labhraíonn lena hanam, is roinnfear lán na glaice den luaith le cur i ngach
uaigh dóibh siúd ar shuigh gar di is a loit í lena ngrá.

Is ní dhéanfar gol, ar sí, ach glacfar go díomuach le fána an tsaoil. Is roinn-
feadh sí comhairlí faoi ghráin na loighice don chroí, ach a bheith dílis dóibh
beirt, is fiach a dhéanamh gan trócaire ar ghrá.

Merciless hunt for love

She speaks her sermons, aware of death's presence beside her, poking her like a prickling thorn. Lodged beneath her skin since youth. The same death would be fair and beautiful, she said, silent and would offer freedom. She will leave her boy with kind words to put in his breast pocket, close to his beating heart, and she will confess that she has only love for him. Time and again. And that fragments of her follies float above. Her body will be burned to music that speaks of her soul, and a handful of ashes will be shared to each grave of those that sat close to her and spoiled her with love.

There will be no weeping, she says, but a defeated acceptance of the futility of life. And she'll share counsel about how logic despises the heart, but to remain loyal to both, and to hunt mercilessly for love.

Fánsruthanna Bells, WA

Sleamhnaíonn na fánsruthanna trí chrompáin, go fuadrach thar chlocha, gleannta Chittering lena dtaobh sínte i néal chodlata, an gaineamh dearg ag loisceadh go bruach na n-uiscí fiáine. Seangáin ghnóthacha dubha ag scinneadh thar bhruacha go lúfar cosluath, is seandroichid adhmaid luascacha crochta go hard ón torainn, is na huiscí ag preabarnach thar mhoghlaeirí caonaigh atá ina suí mar fhathaigh leisciúla codlatacha leis na cianta. Iad barrchúrach. Cruthanna cúnga á ndéanamh acu is ag cataíl i bhfeacht.

Scoilteann an gaineamh tais faoina gcosa le gach meáchan coisméige mar chritheanna talún beaga. Nathracha nimhe dubha ag análú na gréine. Glaoim ar mo ghaidhrín beag go cosanta, an glaoch imníoch úd a dheifreodh cuisle chroí. Stánadh scanrach go bhfuil sé lem' thaobh. Cuirtear i gcuimhne dom cá seasaim. Áit ar leannáin iad áilleacht is contúirt.

Bells Rapids, WA

The rapids slide through creeks, bustle over rocks, the vale of Chittering snoozes alongside, the red sands scalding to the edges of the wild waters. Busy black ants skim over banks, agile and feather-footed, squeaky old wooden bridges hang high over the noise, the water pulsating over mossy boulders, slumbering silent lazy giants since time began. Froth-topped. Forming narrow shapes and curling in currents.

The damp sands split underfoot with each weighted step, quake-like. Black snakes inhale the sun. I beckon my little dog protectively, that worrying call that would hasten a heartbeat. I stare frozen until he is close. I am reminded of where I stand. Where beauty and danger are lovers.

Príosúnach

'Táim réidh anois ach go mb'fhearr do dhuine a bheith cúramach, tá galair amuigh ansin is daoine á n-iompar leo, ag fáil bháis mar gheall orthu fiú, ach tá mo lámhasa glan mar gur sciúr mé iad cúig huaire ar maidin inniu le scuab bheag shreangach. Ná bac leis an srúthan fola óna méara is an craiceann scoilte, ní chuireann sé sin isteach ná amach orm is táim sábhailte anois mar go ndearna mé ullmhúchán. Tá boltaí an dorais ag obair go breá, rinne mé iad a scrúdú deich n-uaire ag a haon, deich n-uaire ag a dó, ansin cúig huaire ag a trí is a ceathair. Chas mé an eochair úd go haireach, ar chlé, ar dheis, ar chlé, ar dheis, ar chlé , ar dheis, ar chlé, ar dheis, is chíor mé mo chuid gruaige leis an gcíor bhán ar dtús, ansin an chíor dhubh trí huaire i dtreo an bhalla, trí huaire i dtreo an dorais agus ar ais arís. Táim réidh anois, treabhsar bán ar an gCéadaoin is dubh ar an Déardaoin, pónairí le haghaidh an lóin gach dara lá is an bruthaire le faire ar fhaitíos. Siúlaim uaidh is breathnaím siar thar an ngualainn chlé, thar an ngualainn dheis, anois táim réidh, dhá choisméig siar, dhá choisméig soir, mo chuid gruaige arís, ar chlé, ar dheis, ar chlé, ar dheis. Is ansin na lámha, mar gur rug mé ar an gcíor gan í a ní, is phioc mé suas í gan na focail a rá cúig huaire i mo cheann, is na sconnaí air agus as, níl ach sé cinn acu siúd le déanamh inniu sa lá a bhfuil ann. Faoiseamh. Anois is gach rud faoi smacht ach na focail le rá.

Faoiseamh, fóirithint, faoiseamh, fóirithint. Faoiseamh, fóirithint, faoiseamh, fóirithint.

Faoiseamh, fóirithint, faoiseamh, fóirithint. Faoiseamh, fóirithint, faoiseamh, fóirithint.

Táim réidh. Táim réidh. Táim réidh. Táim réidh.'

Prisoner

'I've prepared. One needs to be careful though, there are diseases out there being carried around, causing death even, but my hands are clean as I've scrubbed them five times this morning with a small wire brush. You needn't worry about the bloody fingers or the cracked skin, that doesn't bother me, I am safe now as I have prepared. The bolts on the door work well. I've examined them ten times at one, ten times at two and five times at three and four. I twisted that key with care, left, right, left, right, left, right, left right and I combed my hair with the white comb, then the black one, three times towards the wall, three times towards the door and back again. I'm ready now, white trousers on a Wednesday, black on a Thursday, beans for lunch every second day. And I watch the cooker, just in case. I walk away from it and look over the left shoulder, then the right shoulder, now I'm ready, two footsteps west, two east, my hair again, left, right, left, right. And now my hands, as I've touched that comb without washing it, and without repeating the words five times in my head, and the taps on and off, that one is only six times for the day that's in it. Relief. Now with everything under control, I must only say the words.

Relief, respite, relief, respite. Relief, respite, relief, respite.

Relief, respite, relief, respite. Relief, respite, relief, respite.

I'm ready. I'm ready. I'm ready. I'm ready.'

Breathnaigh ormsa, a Mhamaí

Cuirim mo shúil ort, ag léimneach ón gcé, tar éis tae na maidine le súisí abhacáid is cácaí seacláide, ar bhruach Bhá Matilda ar an Domhnach, luamh tríocha troigh sínte cóngarach dod' choirpín lag, 'mo chur i gcuimhne dod' laigeacht ina láithreacht, do lámha is do chosa ag súisteáil ar nós bábóg cheirteach, an ghrian ag sá dhromchla na farraige lena gathanna nimhiúil, spás leathan idir do chuid fiacla beaga, ag cuardach m'airde. 'Breathnaigh orm, breathnaigh orm a Mhamaí, féach orm á dhéanamh seo, féach chomh hard is atá mé.'

Cuirim mo shúile ort, i dtráthnóna geimhridh, pinn daite led' thaobh, is *Wally Acha* ó do bhéal, amú i ndíograis do chuid oibre is na cúlfhiacla anois ag uilleannacht is ag bulaíocht a mbealach chun cinn. Cinnte, tá tú tapaidh ar an rothar sin, is tá an drón sin go hard san aer agat. 'Breathnaigh orm a Mhamaí,' a deireann tú, ó do chorp amháin gan focal.

Is cuirim mo shúile ort i gcodladh leisciúil an tSathairn, an *doona* brúite go leataobh is teas trom an tSamhradh do chéasadh, dóite ag grian, do chuid gruaige clibíneach le gaineamh is nochtadh, i ndoimhneacht chodladh throm. Is do cheann amú i mbrionglóid chiúin is níl ceist asat ná suim i mo shúil.

Is cén fáth a leainbhín, an gceapfá nach bhfeicfinn tú? Is do chuid fiacla gan spás anois, do phlucaí cruaite, do chnámha leathnaithe, is do ghialltracha á ndealbhú. Nár thug tú suntas, mo bhuachaillín óir, gur tú a d'oscail mo shúilese? Gur tú a bheathaigh mo ghoile? Gur tú a chuir an lonnir ar ais ionam? Gur tú a mhéadaigh mo chroí gur phléasc sé i ngrá duit, gur tú a líon m'anam, is nár fhág mo shúile ná m'inchinn riamh thú?

Look at me, Mum

I watch you, lunging from the pier, after morning tea of avocado sushi and chocolate cake on the banks of Matilda Bay, on a Sunday, a thirty-foot yacht stretched close to your little body, reminding me of your frailness and your size in its presence, your arms and legs flailing like a ragdoll's, the sun piercing the water's surface with its poisonous sting, a wide gap between your little teeth, seeking my eye. 'Look at me, look at me Mum, watch me do this, look how high I am.'

And I watch you, on a winter's evening, colourful pens beside you, *Wally Acha* from your mouth, lost in the fervour of your work, those back teeth now elbowing and bullying their way forward. Yes, you are fast on that bike and that drone flies high for you. 'Look at me Mum,' you say, but with only a glance.

And I watch you, in the lazy sleep of a Saturday, doona pushed aside with the crucifying heavy heat of summer, sunburnt, your hair matted by sand and exposure, in the depths of heavy sleep. Your mind is lost in quiet dreams, you are without question and indifferent to my eye.

Why, my child, would you think that I don't see you? Your teeth now without space, your cheeks hardened, your bones stretched, your jaws chiselled. Did you know, my precious boy, that you opened my eyes? That you fed my hungry gut? That you helped me shine again? That my heart burst with love for you, that you filled my soul, and that my mind and eyes have never left you?

Dúnmharú Brigadoon in 2021, Sír Chittering, WA

Ba ar an Satharn ar ghlaoigh na cnoic uirthi, go ngoidfeadh sí a gciúnas, a mórgacht, a mistéir, go líonfadh sí lán a boilg lena ngrá. An dreapadh ciúin chun a mbarr lena seanchapall crupach, leathchaoch. Chun feiceáil. Chun blaiseadh. Chun cloisteáil. Chun adhradh. Chun líonadh is athbhreith. Gur tháinig an dó olcach. Is Brigadoon fágtha ag snagaireacht gan anáil.

Is chiúnaigh scread na gcrann lúbtha úd. Sheas siad dóite óna rútaí. A gcolainne clogach, barrloiscthe, spuaiceach, buailte, tinn, a gcneá ag sileadh na ndeor tirim. Cnámharlach an valbaí ar na cosáin dhubha roimpi. Ciúnas folamh an ghleanna, gan iomann éan, gan ainmhí. Bás is easnamh ag sianaíl os a comhair.

Marbh.
Dubh.
Tráite.
Scártha.
Taibhseach.
Briosc.
Tirim-sácráilte.

Ba ar an Satharn seo nár ghlaoigh Brigadoon uirthi, ach gur chaoin sí léi i bpian ar a cuairt.

Mar gurbh deatach a hanáil, is púdar a cuid uiscí.

The murder of Brigadoon in 2021, Shire of Chittering, WA

The hills beckoned her on Saturdays, to steal their silence, majesty, mystery, to get a bellyful of their love. The quiet ascent to the top with her old crippled horse. To observe, taste, hear. To adore. To fill and be reborn. Until the angry burn came and Brigadoon was left gasping for breath.

And the scream of those bent trees quietened. They stood burnt from their roots. Their corpses blistered, singed, beaten, ill, their skins dripping in dry tears. Wallaby carcasses lay strewn on burnt paths. The empty silence of the glen, without bird hymn nor critter. Death and absence whining before her.

Lifeless.
Black.
Spent.
Desolate.
Ghostly.
Brittle.
Bone dry.

The hills did not beckon her on this Saturday but she wept present in her pain.

As her breath was smoke and her waters powder.

Síocháin i bhfothram

Clingeann na cupáin i mo chluas, siosann gal na huisce fiuchta go mall ag réiteach don chaife meilte. Mná óga ag brú pramanna leathana gan aird ná stiúradh ag cur amú ama go tae na maidine.

Spléach smúránta tríd an bhfón, scrolla shleamchúiseach ar thóir tuairte nó scíth den inchinn ón síorghnách. Mná i mboth súisí ag spóladh lena gclíbhéir ag aontú lena chéile le focail bhoga is nod súl. Ag roinnt rún i gcluas a chéile faoina gcuid mascanna is miotóga plaisteach is iad ag ullmhú na sraitheanna saisimí go réidh, ag cruthú canbhás dathanna is ord.

Réitíonn bean ubhthorthaí i málaí beaga, réidh le díol mar mhargadh. '*Two for one,*' a screadann sí in ard a cinn, neamhairdiúil ormsa. Scrúdaím na bliosáin ghréine, a gcruas, a ndath i lár mo bhoise. Tagann Daragh chugam le scéalta – a fhuinneamh mo dhiúgadh – ag maíomh ar a choncas, ar thógáil na n-ionaid siopaí móra sna bruachbhailte. 'Tá sé chomh mór,' a ghaiscíonn sé, 'go bhfuil dhá David Jones ann.' Briseadh beag gairid ina chuid cainte ag lorg formheasa. Déanaim meangadh is sméidim go múinte. Is mé drogallach ar scéal a ghaisce, dírím leathshúil ar an gcosán uaidh ag plotaireacht m'éalú. Brúchtann sé amach rann áithis, gan aird ar phian a lucht éisteachta. Gáire beag mar leithscéal.

Mná i mbúrcaí ag beathú páistí. Lánúin shnaidhmeach ag scig-gháire is ag stánadh i bhfuinneoga siopaí éadaí cnis, ag brionglóideach is ag pleanáil go drúisiúil ar ghníomhachtaí is súgradh na hoíche, measaim. Bean ag beathú a máthar aosta i gcathaoir rothaí, á scrúdú is í ag leagan an bhia ina béal go creathach is na lámha laga ag cliseadh uirthi. Popcheol ar foluain os mo chionn, fear ag cogaint a chuid focal go haontonach, ar nós cuma liom. Drón na nuirlisí ceoil mar mheáchan fionnaitheach sa gcluas. Tagann an fear óg leis an gcaife, na dátaí milse sna sconnaí ag baint greim as leithead mo bhéil lena mblaiseadh. 'Le breis uisce fiuchta, le do thoil,' a chuirim chuige go lag-ghlórach, gan mhuinín ná dréim, ag baint fad as an scíth is suí na maidine seo i síocháin i bhfothram.

Peace in clamour

Cups clink in my ears, the steam of the boiling water hisses gently in preparation for the morning's coffee. Young mothers push wide prams aimlessly, passing time 'til morning tea.

Hazy gaze through the phone. A mindless scroll seeking respite from the banal. Women in a sushi kiosk slicing with cleavers, agreeing with whispering words and nodding heads. Sharing secrets under their masks and plastic mittens as they arrange rows of sashimi, creating a canvas of colour and order.

A woman divides aubergines into bags, preparing them for sale. 'Two for one,' she yells, indifferent to my proximity. I study the artichokes, their firmness and colour in my palm. Daragh comes forth with his asserting tales of conquest – his energy absorbing mine – of the building of large shopping centres in the suburbs. 'They're so big,' he boasts, 'that there are two David Jones.' A pause in his boasting to measure acceptance. I smile and nod politely. Dreading further tales, I direct my eye and plot my escape. He belches out another success story without considering the pain of his listener. A little laugh as an excuse.

Burqa-clad women feed children. Knotted lovers giggle, staring into adult shop windows, dreaming and planning the night's fun I assume. A woman feeds her aged mother in a wheelchair, studying and placing the food in her mouth, unsteady hands failing her. Pop music fills my ears, a man chewing words monotonously. The muffled drone of musical instruments like fur in my ears. The young man comes with the coffee, the sweet dates of the scone filling the width of my mouth. 'With extra hot water please,' I put to him gently without confidence or expectation, whilst I extend this morning's sit in the peace of clamour.

Féin-choimhlint – Cogadh na smaointe

Déanaim fíochán, seachaint, bogadh, luascadh. Lasfadh smaointe intinn, mhillfeadh smaointe intinn. Glacaim teorainn. 'Tabhair cead a gcinn do chuid dóibh is glac an cath leis an gcuid eile, scaoil isteach iad siúd atá fíor. Scaoil isteach iad siúd gan dochar.'

Ar aghaidh leis an mbrú. Slua bagrach ag an tairseach. Ag rapadh ar doirsí. Ag pléascadh na n-insí. Ag cnagadh, ag greadadh, ag liúradh, ag éileamh. Iad ard, lag, suarach, stalcánta, séimh geitiúil. Seasmhach.

Tagann an boc is airde chun cinn ag saighdeadh go sotalach mar bhuachaill báire bradach ag cuardach m'airde is feasa. Brúim in aghaidh a mheáchan. Sroicheann a lámha síofrógacha, a mhéara altacha i dtreo m'inchinne. Déanaim iarracht an ceann is fearr a fháil. Lagaím. Aithníonn sé an laige. Tógann sé a sheans. Plaic. Greamaíonn sé. Suíonn sé. Fanann sé.

Athraím slí mo chogaidh. Osclaím doras is beannaím dóibh. Tugaim cuireadh dóibh chun cainte, chun comhrá, chun tae. Suíonn siad ar stólta giortacha. Déantar sútáil is réiteach. Is a míofaireacht millteach i solas an lae.

Feicim smál an tsaoil orthu is meáchan a n-aistir. A gcuid éadain lúbtha is seargtha. A gcoirp creachta is spíonta. Iad ocrach, garbh, rodta, reoite. Déanaim a n-aistir a bheannú. Tugaim barróg cheana dóibh. Déanaim brásáil bhog orthu. Fanaim leo go mbogann a ngruanna im' chuideachta, go gciúnaíonn a nglórtha.

Tá siad socair, fliuchta, beathaithe, ceansaithe. Iad ar fán sa suíomh seo lena gcuid scuabála is slabhrála. Is cruas na diolbachta á scanrú. Siúlann siad leo le fios nach bhfuilim leo níos mó mar go bhfuil a gcumhacht sáraithe. A gcantal caolaithe. A láithreacht lagaithe.

Self-conflict – Thought war

I weave, dodge, shift, move. Thoughts can feed a mind and destroy a mind. I evaluate. 'Let some have their way, accept the battle of some, let those who are true enter. Let in those that do no harm.'

The shoving ensues. A menacing mob gathers on the threshold. Rapping on doors. Bursting hinges. Knocking, thrashing, trouncing, demanding. They are loud, paltry, stubborn, gentle, skittish. Persistent.

The loudest playboy saunters forth, sparring insolently, wild and curious, seeking notice. I push against his weight. His ghostly hands, his gnarled fingers reach for me. I attempt to dominate. I weaken. He acknowledges my flaw. He seizes his opportunity. He bites. He sticks. He sits. He waits.

I alter my battle mode. I open doors and greet them. I invite them to talk, to converse, to tea. They sit on stubby stools. We sup and make peace. Their ugliness is apparent in the light of day.

I see the stains of life on them and the weight of their journey. Their faces bent and withered. Their bodies wounded and spent. They are hungry, rough, rancid, frozen. I bless their journey and hold them gently. I embrace them kindly. I sit with them until their faces soften in my presence, until their voices quieten.

They calm, they are watered, fed, appeased. Lost in this setting with their shuffling and sweeping. The hardness of their exposure frightens them. They walk away knowing that I am no longer with them as their power is spent. Their petulance diluted. Their presence weakened.

Beirt geisha ar chnoc – Kyoto, 2005

Shiúil siad go tuisleach ar chosán chnocán sléibhe, le hais claí cloiche is
srutháin síoda. Garraithe smachtaithe ag ealaíontóirí lena dtaobh, gach duil-
leog ar ghéag tomhaiste is comhairthe go cruinn, curtha i leith mar chan-
bhás cruthaithe. Lámh le lámh méarcheangailte a bhíodar, gan ghíog, ag
streachlánach go ciotrúnta ar shlipéirí adhmaid mar lapadán linbh i mbróga
mná fásta. Fuarálach don turasóir seo ag goid lán na súl. Stocach, i bhfo-
lach i bpúdar na meilme. Amú inniu in áilleacht an ré inné. Mínfholtach,
bánghnéitheach, cuardhromach, deargliopach, scéiniúil, riailbhéasach.

Sciorr siad leo mar ghirsí cúthaileach ag scige ina mbosa, ar chúl theampall
na ndíonta cuachacha, trí chuirtíní veilbhite, le scátháin gan solas, ná riail ná
smacht.

Two geisha on a hilltop – Kyoto, 2005

They shuffled on the path of a hill, by stone wall and silken streams. Alongside gardens disciplined by artists, each leaf measured and counted carefully, presented on a created canvas. Hand in hand finger-tied they were, without utterance, shuffling awkwardly in wooden clogs like toddlers in the shoes of grown women. Indifferent to this visitor's stealing an eyeful. Rigid, hiding in the powder of deceit. Lost today in yesterday's beauty. Smooth-haired, pale-faced, bent-backed, red-lipped, frightened, rule-bound.

They slipped like bashful children, through velvet curtains, giggling into their palms, to the back of the curled-roofed temples, to mirrors without light, rules nor discipline.

I ngealadh an lae

I ngealadh an lae, is mé 'do dhúiseacht, is do shúile ag scinneadh, ag cargáil is ag bíogadh i mbrionglóidí mocha na maidine, d'fholt clibíneach mar chlimín dóite a bhí fágtha gan foscadh, ionsaithe ag an teas, is a bharr scallta ag gathanna gréine go hamplach, míthrócaireach, mar chuma liom. Gaineamh an lae 'doirteadh mar lochán leáite ar an bpiliúr fút, a lorg ar do leicne, ag tarraingt fhéile an lae inné isteach i scéal na maidine inniu, nuair a bhí na tonnta ag curláil tharat is tú ag cartadh go cladach, ag lúbadh ar an gclár in aghaidh chumhacht an Aigéin Indiaigh.

Cuimlím allas do chodladh ó do bhaithis, stríocaim siar do chuid gruaige. Casann tú uaim, ró-luath don scoil mar a bhíonn sé gach maidin, a chaoin tú go drogallach, is gathanna gréine ag pléascadh is ag screadaíl trí na dallóga, 'do bhúireach chun suí, tar éis gach unsa súite asat is an mhaidin fós nua.

At the dawning of day

At the dawning of day, whilst waking you, your eyes darting, skimming and shifting in the early dreams of morning, your matted hair like bundled burnt seaweed left shelterless, attacked by heat, its tips scalded by the sun's rays greedily, mercilessly, indifferently. The day's sands spilled on your pillow, like a melted puddle, its pattern on your cheek, dragging yesterday's festivities into this morning's tales, when the waves were curling past you and you shoved to the shore, twisting on that board against the power of the Indian Ocean.

I wipe the sweat of sleep from your brow and sweep back your hair. You turn from me, too early for school, you cry with dread, as it is every morning, whilst the sunlight is bursting and screaming through the blinds, bellowing you awake and each ounce drained from you and the morning yet young.

Talamh athartha – an ligean leat

Airím an sciorradh, mar nach dtairgíonn tú do ghrá, do chion croíúil, mar a bheadh geansaí bog olann uain fáiscthe trasna mo cholainne, ach shéan tú mo chuideachta le fuacht do shúl casta nuair a thug mé cuairt, is tú chomh bog fós le síoda is chomh crua leis na clocha lá. Is tollann do ghlas poill gan tóin i m'imreasc fós, sínte trasna mar chlóca fairsing, leanaithe ar do mhóinéir fhliucha. Do dhrúcht thais mar anáil bhog ar fhéar is uiscí a leigheasann gach uile bhuairt choirp is intinne mar éilicsir saoil, (a chumtar mar bhréag), d'abhainn eascannach ag síneadh thar na bailte cama múnlaithe as grá, croíthe is cnámha (a insítear mar fhinscéal). Fathaigh farraige 'do chogaint ó chúinní, ag baint geampaí is greamanna garbha ód' cholainn. Á ndíleá mar mhilseog. Arrachtaí ársa aosta ag fágáil lorg a gcos ar do thalamh is d'intinn atá ar gor i gcolg caointe. Do shoghontacht. Do laigeacht. D'éadaingne. Cill do chroí.

Bhí orm tú a dhiúltú go mairfinn is mo grá dhuit a choinneáil faoi bhun sáile is smacht tomhaiste. Is luíonn leannán nua anois i mo leaba. Ceann crua-mhaoithneach. A chorp tirim is tartmhar. A shúil liath, fiáin is scáinte. Is déanann muid malartú ar thuiscintí, go trodach is go séimh. Is margaíocht ar fhocail. Is déanann muid cargáil as corp a chéile. Is a thalamh glas, a thír-raon dhorcha, tá mo ghrá tráite triomaithe mar go bhfeicim nach raibh ionainn ach gnáthamh is go bpléascann d'fhuarchúis mo chroí ina phíosaí.

Fatherland – letting go

I sense the slipping, as you no longer offer your love, your hearty fondness, like a lamb's wool jumper wound tight against my body, but denied my company with the coldness of your turned eye when I returned and you both soft as silk and hard as rock on days. Your green bores bottomless craters yet in my eyes, stretched across, cloak-like, on your wet meadows. Your damp dew like a soft breath on grass and waters that cure all ails of mind and body like the elixir of life (it is lied), your eel-like rivers stretching from those crooked towns moulded from love, hearts and bones (it is fabled). Seismic seas gnawing your curves, taking chunks and hearty mouthfuls from your body. Digesting them, dessert-like. Ancient, aged ogres leaving footprints on your lands and your mind that is brooding in a rage of sorrow. Your vulnerability. Your weakness. Your unsteadiness. The cell that is your heart.

I had to spurn you to survive and to keep my love for you under weighted heel and measured discipline. A new lover now shares my bed. One hard of emotion. Thirsty and dry-bodied. Grey-eyed, wild and scanty. We grapple with understandings, gently and aggressively. We bargain with words. Our bodies jostle. Green lands, dark terrain, my love has ebbed and dried as I see we were once but habit, and your indifference now has burst my heart to pieces.

Dophollta

Tá buidéil seaimpéin is *prosecco* ag boilgearnach ar oileán oibre marmair snasta.
Gloiní Chriostal Phort Láirge á líonadh is téachtáin chúr ag sliodarnach thar
imeall, sála gobacha, gréithe airgid ag lonrú, sioscadh is comhrá bog i gcúlra,
Stingl ag clingeadh, is solas dalltach na gréine ag sciolladh is ag feannadh orm
arís, ag lúbarnáil trí scailpeanna faoin doras is i mbearnaí beaga idir pánaí na
fuinneoige. An nathair nimhe, an dealg droma, an chros chéasach. Réiteach
saoil, leathfhírinní, scéalta is breithiúnais á ndoirteadh mar bheart, im' shuí
ar na coiscéimeanna *jarrah,* is iad ag luascadh faoi mheáchan is coimhthíos
mo choirp.

Sínim romham amach mo mhéara ar thóir ceangail is lúcháire i measc screadaíl
na bpréachán dubh, caochadh dalltach na gréine, is buíochan na bhféar.
Leath-charafe fíona as *Margaret River,* comhrá ar na *Canola Fields,* turais go
dtí an Nua-Chaladóin nó go *Hobart* i luamh tríocha troigh, ológa dubha is
glasa i gcrúsca lem' thaobh. *Croissants* torracha, ramhar le subh na maoildeirge
is ag sileadh le Brie te. An searbh is an milis ag achrann ar theanga. An nua is
an sean ag achrann ar intinn.

Tá an talamh dóite seo ag mealladh mo shúile, ach dúshlán a bharróige fós
diúltaithe, is caoineadh na cailliúna ag cniogadh im' chodladh fós.

Puncture-proof

There are bottles of Champagne and Prosecco bubbling on a polished marbled worktop. Waterford Crystal glasses filling with great clots of froth spilling overboard, pointed heels, silverware sparkling, soft whisperings and conversations in corners, a tinkling Stingl, whilst the blinding light scolds and nips at me, squirming through door clefts and in little gaps between the window panes. The poisonous snake, the spine-thorn, the crucifying cross. Life-planning, half-truths, stories and judgements spilling as plans, whilst I sit on the squeaking jarrah steps that shift under the weight and strangeness of my body.

I stretch forth each finger seeking connection and joy amidst the cawing of the crow, the blinding hood of sunrays and the yellowing of the grass. Half a carafe of Margaret River wine, conversations of canola fields, journeys to New Caledonia or Hobart in thirty-foot yachts, green and black olives sitting in a jar beside me. Pregnant croissants, heavy with jam, dripping with hot Brie. Bitter and sweet squabbling with the tongue. The new and the old squabbling with the mind.

These burnt lands entice, but their threatening embrace is still rejected, whilst the cry of loss still pierces in my sleep.

Beocht gan smaoineadh

Glacaim ó ghluaiseacht do lámh gur thug tú aire duit féin, is ón loinnir id'
shúil nár ghlac tú le meath do mheabhrach ná an casadh de, an sciorradh.
D'fholt bándearg mar shaighdeadh ar an saol is do ghrainc ag insint fírinní is
scéalta mar bheart, ag díriú do chomhairle leis na rostaí luasctha is na méara-
cha maisithe gobacha úd. Ciontú d'fhocal. An meáchan a bhrúnn tú ar an
bhforc, do stad ag lorg aischothú. An biorú leis an scian, an mhuinín ag fean-
nadh feola ó chnámh. An chros dhubh ina suí ar do bhrollach mar ráiteas gan
focal. Ag titim is ag árdú le gach anáil is díograis d'urnaí. Déanann m'inchinn
stracadh ar do bhrí, le seodra is ór ag sileadh ó do mhuineál is do rúitíní,
diamant mór as *Cape Town* ag screadaíl ó do mhéar, ag cuimilt uachtair ar
do bhaithis gach oíche gan cheist, amhail is go bhfuil a fhios agat go bhfuil
tú beo.

Mindless living

I accept from the movement of your hands that you have cared for yourself and from the sparkle in your eye that you have challenged the wilting, the dulling, the slipping. Daring pink hair as a provocation to the world and your face spilling truths and directing counsel with those twisting wrists and ornate pointed fingers. The conviction of your words. The weight you place on your fork, your pausing for acceptance. Knife-pointing, confidently gnawing the meat off the bone. The wordless statement of that black cross on your chest. Rising and falling with each breath and the intent of each vesper spewed without care. My mind grapples with your strength, jewels dripping from your neck and ankles, a large Cape Town diamond screaming from your finger, smearing cream on your forehead each night without question, like you know you're alive.

Ceansú

Ealaín ar an Mháirt, agus chruthaigh mé an rud céanna 'chuile sheachtain. Fuipíní. Dhá cheann, gróigthe ar thaobh aille. Géaga ildathannacha. Sheas siad ag stánadh ina mbealaigh féin mar bhanna ceoil ar chlúdach albaim ag machnamh ar an saol.

Is nuair a chuir mé iad roimhe, é siúd leis an téastar de dhá sheilide mharbha ina suí ar bharr a shúile, dúirt sé 'chuile sheachtain go mba huaigneach an radharc iad siúd ar thaobh aille, na fuipíní úd, fuar. Is tharraing mé 'chuile sheachtain, go gcloisfinn na focail úd, na fuipíní gan suim, chun a shúil a leathnú, go bhfeicfinn a chliabhrach ag ardú is é ag osnaíl le meas, chun a ghlór a lagú is a chnead a chloisint is go bhfeicfinn an dá sheilide mharbha úd ag ardú leo thar a bhaithis.

Appeasement

Art on a Tuesday, and I created the same thing each week. Puffins they were. Two perched on a cliff's edge. Bright-beaked. They stared in different directions into the distance like a rock band on an album cover reflecting on life.

And when I approached him, him with the pelmet of two dead snails sitting above his eyes, he told me each week they were lonely on that cliffside, those puffins, cold. And so, I drew each week those indifferent puffins, to hear those gentle words, to widen his eye, to see his chest rise and hear him sigh in appreciation, to soften his voice and to hear his gasping and to see him raise those two dead snails high above over his forehead.

Bukit Larut, Perak, An Mhalaeisia – airdeall

1,250 méadar os cionn farraige.

Buaileann fiacail an fhuacht. Cuirim cairdeagan beag ar mo bhuachaillín. *Taiping* neadaithe i bhfásach fúinn, ina codladh faoi phluid pailm is duilliúr dlúth. Doirteann an mórbhóthar go Kuala Kangsar trí lúbra na gcrann, nathair shleamhain airgid. Luascán meirgeach ag gíogaíl i gcúinne ag séideadh i ngaoth shiógach, brúim é le cúl mo bhoise ag tomhais a chruais is a théagair, leagaim mo bhuachaillín air. Foirgnimh shaora scaoilte chun báis ar bharr cnoic, ina seasamh ar chosa croise mar chosaint ó mhonsún. Smál na gcoilíneach fágtha i dtithe tae leath bealaigh. Soithí tréigthe i gcófra gloine is eidheann á bplúchadh, á gcoinneal i bhfostú san aimsir chaite nuair a roinneadh cácaí *pandan*, *keuh lapis* is *pakora* le haghaidh tae an tráthnóna. Potaí tae poircealláin ón mBreatain, grábhróga na mbanríonacha bána, á dtachtadh go híorónta ag fásach fiáin, álainn na hÁise, á ndiúl isteach ina dtalamh féin mar lán stad ag deireadh scéil. Tugaim m'aird ar mhaidhm mhasmais ón turas aníos ag maistreadh im' ghoile. Gach cas is coirnéal ar an mbóthar aníos á spreagadh chun brúchtadh, an *dhal* is an *roti canai* ag damhsa im' phíobán. Déanaim staidéar ar aghaidh mo bhuachaillín ar lorg fhianaise a thinnis, ní fhaighim é. Folmhaím lán mo bhoilg ar chúl fáil, gach urróg is iompú 'mo chéasadh is 'm'fhuascailt. Súil ar mo bhuachaillín ag luascadh leis, sásta is meidhreach. Tá an bóthar síos níos cineálta le bolg folamh.

Airím meáchan an teasa ag bun an chnoic sna scamhóga. Bainim an cairdeagan de mo bhuachaillín chun anáil a ghlacadh.

Airím gaineamhlach ar theanga, tugaim deoch dó.

Buaileann folúntas im' ghoile, líonaim a bhéal.

Bukit Larut, Perak, Malaysia – vigilance

1,250 metres above sea level.

The cold bites. I wrap my boy in a cardigan. Taiping is nestled in a jungle underneath, dormant under a blanket of palm and dense leaf. Motorways spill to Kuala Kangsar through a maze of trees like a slippery silver snake. A squeaky swing sways in a ghostly breeze, I push with the back of my hand assessing its strength, I sit my boy on top. Free houses lie abandoned to die on a hilltop, perched on stilts as protection from monsoon. Tea houses at the halfway point sit stained with colonialism. Ivy stifles abandoned dishes in glass cabinets, holding them in the past tense when pandan cakes, *keuh lapis* and *pakoras* were served for afternoon tea. Porcelain British teapots, the dregs of white queens, ironically being smothered by wild and beautiful Asian jungle, absorbing them into the soil like a full stop at a story's end. I am distracted by a wave of nausea from the journey churning in my gut. Every twist and corner on the road now calling it to erupt, *dhal* and *roti canai* dancing in my innards. I study my boy's face for illness, none. I spew the fullness of my belly behind a hedge, each wave and heave bringing pain and relief. I watch my boy swinging, happy and relaxed. The road home is kinder with an empty stomach.

I feel the weight of heat in my lungs at the mountain's foot. I remove my boy's cardigan to help him breathe.

I feel a desert on my tongue, I offer him drink.

I feel an emptiness in my belly, I fill his mouth.

Cúis theite

Óige a bhí ann, déarfainn, díchéillí, spraoi nó grá. Nó gach uile ceann. Lámh
le lámh ar bharraicíní a gcos ar chúl doirse sna seomraí ranga, ciúin ceangailte
ina chéile is do mhéara ar mo chaoldroim bog is séimh is lorg ghal do thoitín
fós le blaiseadh ort, gan aird ná meas ar údaráis is mé ar d'inchinn a deir tú,
'mo tharraingt chugat.

Mhair tú do cháil, ard is lonrach, mar bhróiste dathannach, gur bhuachaill
báire a bhí ionat. B'fhearr fanacht uait is tú a sheachaint a dúradh liom, gur
sheoid a bhí uait, gur bhlaiseadh a bhí uait, go raibh mé ró-ghoilliúnach,
ró-bhog duit, ach tú cúthaileach im' chuideachta, milis, bogfhoclach, cotúil.
Bródúil a deir tú, gur leat mé.

Go ndearna tú maise orm le seodra óir is focail bhog an ghrá.

Is gur theitheas.

A reason to flee

It was most probably youth, silliness, play or love. Or all. Hand in hand, tip-toeing behind doors in the classrooms, quietly tied to each other, your hand on the small of my back softly and gently, and the stain of tobacco yet to be tasted, without respect or notice for authority and me on your mind, you said, embracing me.

You wore that playboy reputation, bright and glistening, like a colourful brooch. One had better stay away and avoid you, they told me, that it was a jewel you longed for, a tasting, that I was too sensitive, too soft for you and you bashful in my presence, sweet, soft-worded, timid. Proud, you said, that I was yours.

Until you adorned me with jewels of gold and the soft words of love.

And I fled.

Easanálú

Chas sí de gach torann. Iomarcach dá cluasa. Níor mheall sé ach pian is pléisiúr, ní mhairfeadh sé i bhfad. Níorbh fhiú tairbhe a thrioblóide. Mar gurbh isteach go dtí gleann na bputóg a sciorr sé, ag cur i gcuimhne di go raibh anam inti istigh. Bhrúigh tonnta a cluas amharc uirthi, chuireadar iachall uirthi breathnú, chas siad a ceann. Sciorr sí is d'ardaigh sí le fás, brú, cor is cas gach nóta. Chúlaigh sí is choip sí. Ghéill sí don áilleacht.

Is tharraing an ciúnas úd, an fanacht, an spás eatarthu, an easanálú, céasadh is sceitimíní, maidhmeanna marbhánta mothúcháin. Díreach ansiúd a dúirt sí a sháigh ga an ghoilleadh. Díreach ansiúd a fáisceadh a píobán, a fágadh lorg leidhce trasna a leacan. Is phléasc a croí is sceith a scamhóga, samhnas is deifir a hanála á cothromú. Dinglis ina géaga is smaointe ina stad ag tarraingt oird is míniú in áit an chlampair a chleacht sí. Sa spás sin, bhí damhsóirí ar chlabhtaí óir, gach coisméig réidh mar chuisle croí, gach cas mar chuaifeach gan cheansú. Scuabann tonnta toirní tríd a corp. D'athraigh sé í. Chonaic sí na bearnaí folamha úd roimpi. Tháinig fianaise ar a beocht. Bhí an rachtaíl siúd trom agus dúr, ró-shoilseach, ró-dhúisithe, ró-ghéar. Bhí a gcuairt bagrach mar go raibh rudaí éigin ró-áille le glacadh.

Chas sí de an ceol.

Exhale

She switched off all sound. It was excessive for her ears. It only brought pain and pleasure, it wouldn't last long. Too costly it was. Because it was straight into the centre of her gut, it slipped to remind her of her soul. The waving sounds in her ears made her focus, implored her to look, caught her attention. She slipped and rose with each crescendo, push, twist and turn of each note. She retreated and advanced. Yielded to the beauty.

And that silence, the waiting, the space between, the exhale, drew crucifixion and ecstasy, deadly tiresome bouts of emotion. It was right there, she said, that the sting of the effect pierced. It was right there that her throat tightened, that hit across her cheek, a slap. And her heart burst and her lungs split, the pace and ease of her breath balancing her. Her limbs tingled and her thoughts ceased and brought order and meaning instead of the chaos she knew. In that space there were dancers on golden clouds, each footstep pounding like a heartbeat, each turn a wild whirlwind. A wave of thunder swept through her body. It changed her. She saw the empty gaps before her. It was evidence of her living. The outburst was heavy and dense, too bright, too awake, too harsh. Their visit was threatening as some things are too beautiful to accept.

She turned off the music.

Maidin nach mbeidh ar nós aon mhaidin eile

Maidin a bheas ann, is dóigh, is aireoidh tú i do phutóga é, ag guairneáil, á chur féin in aithne, á chur féin faoi chomaoin i do chuideachta is os do chomhair. Agus is leat féin do chorp arís.

Sula nglacfar anáil, beidh tú giallghlasta balbh i gcath is do theanga casta i snaidhm chúng an chiúnais. Is scoiltfear an t-urlár, critheanna talúna beaga ag pléascadh is ag brúchtadh, ag cruthú iomairí fút go sciorrfadh tú síos i ndomhan atá geal agus dúr, ina bhfuil an bán agus an dubh. Is isteach trí bhearnaí na créafóige a shúfar aer, tógfaidh tú lán do bhéil chun do bheocht á choimeád is tú féin a dhíriú. Is déanfaidh tú sliobarnail ar rinn na haille. Crochta le barr do mhéire.

Is beidh do chorp trí thine. Déanfaidh do chliabhrach bagairt go bpléascfaidh sé. Is déanfaidh do chosa seabhrán le fuinneamh. Cuirfidh siad iachall ort siúl, cuirfidh siad iachall ort gluaiseacht. Is dúnfaidh an domhan mór doirse ort, beidh drumaí doimhne ag greasáil i do cheann. Locháin allais i do bhosa. Tiocfaidh dinglis mar thochas i mbarr do chraicinn, lagófar brí na gcnámh á bhfágáil briosc. Is le hoscailt is dúnadh chlaibín na súl, le gach ardú gréine, feicfidh tú an bhréag is an fhírinne i dteannta a chéile, ag spochadh is ag bagairt, ag réiteach is ag milleadh, ag múnlú is ag glacadh. Sásta lá i ngar dá chéile. Ar buile lá ar thóir a n-aitheantais féin. Ar meisce lá le mianta. I bhfad óna chéile lá le fuarchúis. Is beidh do thimpeallacht i bhfad ó dhúchas, i ndaille an mhearbhaill. Is cuirfidh gach barróg brí ionat, is lagófar thú le póga. Is fágfar slán leat féin. Buailfidh cumhacht a fhórsa thú ar nós lasair thintrí. Is ní bheidh tú mar a bhí tú arís go deo.

Is siúd thú, cloíte, i laige grá.

A morning unlike other mornings

It will be morning, probably, and you'll feel it in your guts, churning, making itself known, obligingly placing itself before you. And your body is yours again.

Before a breath is taken, you'll be jaw-locked in battle and tongue-tied, twisted in the tight knot of silence. The floor will split, small earthquakes bursting and belching, creating ridges underfoot, and you'll slip down into a world that is bright and dull, where dark and light straddle. Through the gaps in the soil you'll breathe, gulping mouthfuls to remain alive and to compose yourself. And you'll dangle on a cliff edge. Hung by the tips of your fingers.

And your body will be on fire. Your chest will threaten to burst. Your legs will shuffle and tingle. They'll make you walk, they'll make you move. And the world will shut its doors, deep drums thumping in your head. Puddles of sweat in your palms. A tickle-like itch on the tip of your skin, the bones weakened and brittle. And with each opening and closing of the eyelid, with each rising sun, you'll see fact and fiction at war, sparring and threatening, placating and destroying, moulding and accepting. Happy on days in company. Raging on days to seek one's own identity. Drunk on days with desire. Apart on days of indifference. And your surroundings will be far from familiar, in a blinding confusion. Each embrace will strengthen you, each kiss will weaken you. And you'll bid farewell to yourself. The power of its force will hit like a bolt of lightning. You won't be as you were ever again.

And there you'll be, succumbed, to the frailty of love.

Sceir Nyinggulu

Sciorraim amach as an *swag* canbháis, cónra chiúin na hoíche. Caochann gathanna gréine. Marbhán na maidine mar mheáchan. Ionsaíonn na cuileoga, ag sléacht na súl – mar mhac tíre ag alpadh conablach fia – ar thóir fliucháin. Beannaíonn deora allais na hoíche d'úr-allas na maidine. Bricfeasta.

Réitíonn an craiceann don chath cosanta, á chruachan féin. Solas ag iomrascáil le himreasc súl. Buann nádúr. Uachtar á smearadh. Déanaim leipreach chaoch isteach sa ríf. Fuarú. Faoiseamh.

Cathair choiréil chrústúil cruthaithe faoi chos. Foraois fhiáin fheamainneach faoin bhfarraige, beo agus básaithe, *Atlantis* na mara fúm sínte mar chairpéad corrach. I bhfolach is ar seó. Déanaim fíochán trína cuid sráideanna, cúng is ársa. Común éisc is creatúir dhathannacha ag lúbarnaíl is ag sleamhnú thar a chéile mar chomaitéirí traenach lán le dualgais, deifir is díograis. Bléideanna scolbacha ag sá amach romham, 'mo bhagairt lena gcuid imeall sábhach borrach, 'mo ghlaoch chun a gcontúirt a bhlaiseadh. Déanaim scimeáil tríothu le muinín bhréagach is rithim m'anála 'mo threorú. Pléascann an ciúnas mo chluasa, an sciúgaíl isteach, ardú an chliabhraigh, an brú amach, is gach lán béil 'mo cheansú, 'mo chothromú. Craiceann uisce ag ardú is ag socrú sa mhasc ag bá na súl is an salann á ndó. Ar thaobh na cathrach, tá cnocáin is gleannta sínte romham mar bhrúchtadh bolcáin faoin tuath.

Déanann stúmpa turtair sleamhnú tharam, cruashliogach, go fuarálach, slogtar abhaile é le treoir go dorchadas thóin poill ar nós go raibh a fhios aige an bealach abhaile. Tarraingítear cairpéad crua craicinn choiréil trasna mo choise, ag sliseadh chupán mo ghlúnach, á hoscailt mar cháca le bolg leathbhruite. Leánn ribíní dearga fola uaim, mar lochán dearg tríd an bhfarraige, go luaineach ag taisteal ina slaodanna tiubha is tanaí mar abhainn veilbhite ag rith tríd an gcathair chrústúil. Dúch dearg ag scinneadh tharam mar scairfeanna síoda ligthe le gaoth.

Sleamhnaíonn roc ga nimhe fúm, deireann cor a shúl nach mbainim leo anseo, gur le farraigí fuara mé. Gur le slata mara, feamainn bhoilgíneach, carraigín is creathnach dhubh mé. Táim ardaithe ón gceannchathair isteach sa mbád i gclabhta laige is lúcháire.

Nyinggulu Reef

I slide out of the canvas swag. My quiet night casket. The sun's rays blind me. The sultry weather weighs on me. The flies attack, slaying the eyes – wolf-like devouring a deer carcass – to seek moisture. Beads of night sweat greet the fresh sweat of morning. Breakfast.

The skin prepares for protective battle, hardening itself. The light wrestles with my pupils. Nature wins. Cream is smeared. I take a blind leap into the reef. Cooling. Relief.

Creations of crusty coral cities underfoot. Wild forests of weed underwater, living and dying, Atlantis, stretched underneath like a bulging carpet. Hidden in sight. I sweep through its streets, narrow and aged. Communes of fish and colourful creatures weave and slide past like train commuters, dutiful, with hurry and intent. Serrated blades protrude, threatening with their saw-like tips. Calling me to dance with danger. I skim through with shaky confidence, the slow rhythm of my breath directing me. The silence bursts in the ears, the gasping inhale, rising of the chest, the exhale, each breath calming me, balancing me. Skins of seawater settle in my mask, scalding the eyes in salt water. Aside the city, there are hills and glens stretched like erupted volcanoes in a countryside.

A hard-shelled turtle slides past indifferently, he is swallowed with purpose towards the darkness of the deep, like he knows the way home. A carpet of hard coral slides across my kneecap, slicing it, opening it like the belly of a half-baked cake. Ribbons of blood trail away from me, a red puddle through the sea, briskly travelling in thick and thin clots like a velvet river through this crusty city. The red ink slides past like silken scarves in the wind.

A stingray slides beneath me, the twist of his eye reminding me I don't belong here, that I am of cold oceans. I am of sea urchins, red seaweed, carrageen and dark dillisk. I am hoisted from this city into the boat in a haze of weakness and joy.

Scéalta i ndubh is i mbán

Is gan fágtha ach pictiúr dubh is bán lena deirfiúr is m'athair ina seasamh in aice leoin mhóra *Trafalgar,* á coinneáil reoite is óg go deo dóibh siúd ina diaidh gan fios uirthi. Tonnta catacha dorcha ar bharr a cinn. Mála crua leathair crogaill i dtaisce go barainneach faoina hascaill. Cába ard fionnaidh ag tabhairt foscadh dá muineál. A súile ar an talamh i ndearcadh cúthaileach. A sciorta fada is bláthach ag síneadh amach ó chúinge a básta. Dhá bhliain is scór, a dúradh.

B'fhéidir gur mhol sí an iomarca, an bhean óg bhríomhar úd. Gur aithin an anachain a boigeacht, gurbh fhéidir léise a saol a mhúchadh chun a thart a shásamh.

Bean óg chróga, i bhfad romhamsa, a deirtear. Grua a leáfadh croí, a chuala mé de chogar ciúin i gcúinní. Ghoillfeadh na cogair sin air. Léim súile Mham ina threo de sciotán nuair a sciorr a hainm go místuama fánach i gcomhrá.

Bhí seisean óg freisin a deirtear. Is a corp á hiompar abhaile aige i bhfad romhamsa. Is shuigh comharsan is creideamh ciúin roimhe. I bhfeall fimíneach. Breithiúna bréagacha ar phuilpidí gangaideacha.

Is d'fhan púca péine, taibhse torainn, deamhain dhorcha, go diongbháilte stuacach suite go trodach ina chorp, ag diúl maitheasa óna cholainn, mar chroimeasc ar a cholpaí, loirgneáin ar a lorgaí, á streachail óna shuan is a shuaimhneas, ag fáscadh a phutóga i ndubh na hoíche, gur múchadh solas a shaoilse freisin, is gur thug an taibhse torannach úd leipreach isteach sa gcéad ghlúin eile chun muidne a shú isteach i ngátar na glúine romhainn is i scéalta inste i ndubh agus i mbán amháin.

Stories in black and white

And only a black and white photo remained of her with her sister and my father beside the great lions of Trafalgar, keeping her frozen in youth for those after her who knew nothing of her. Waves of curls atop her head. A hard crocodile skin bag tightly tucked under her arm. A high fur collar sheltering her neck. Her eyes on the ground in a bashful gaze. Her long flowery skirt stretching out from her tiny waist. Twenty-two she was, I heard.

Perhaps she loved too much, that sprightly woman. That the harm recognised her softness, that he could extinguish her life to satisfy his thirst.

A young brave woman, way before my time it is said. A warm face, I heard whispered in corners. Those whispers sat with him. My mother's eyes darted towards him when her name strayed clumsily into conversations.

He was young too, it was told. And he carried her body home way before my time. And neighbour and deity sat quietly. In treacherous deceit. False judges on poisonous pulpits.

A pooka of pain, vociferous ghosts, dark demons, sat sturdy and stubbornly in his body, drawing from his goodness, like a spancel on his calves, shackles on his ankles, dragging him from his dreams and peace, tightening his entrails in the black of night, until the light left him too and that phantom leaped into the next generation to draw us into the distress of those before us of stories told only in black and white.

Faoistin cloch

Bhí rud éigin faoin ngaoth sin a ghlaoigh. An t-olagón caointeach cráite úd, do choinneáil ar an airdeall i ndubh na hoíche, ar fhaitíos go mbeadh duine ró-shocraithe. Is an talamh leis. Seasc feannta, is gan mhaithiúnas. Go mba leis an anam amháin í. Gan bhia ná deoch á thairiscint aici ach gur bheathaigh sí anam cráite. Ba í an ghaoth úd a d'fhág balbh gan smid mé.

Ach b'óna clocha a shil an sioscadh is b'iad a mheall comhrá asam. Gur shéid siad tríom lán an bhéil d'fhocal is d'urnaí le teannadh. Lena raimhreacht, lena scraitheanna geallchneasach, lena ngoba géara, caonach clúdaithe mar phluid ghlas. Is nuair a scoilt siad, ba istigh iontu a bhí croí na loinnreach. Solas nár thuig mé ariamh a thomhais, glaineacht is boigeacht chraiceann páiste nua-bheirthe ina gceartlár. Bhí sióga ársa ár sinsir iontu ina suí mar bhreithiúnaí sagairt, fealsúnach is frithchaiteach, scáileach smaointeach, is lena gcuid méara lúbtha, gobacha a ghlaoigh siad chucu mé chun faoistine. Thóg na clocha siúd mo lámha is leag siad ar chuisle mo chroíse iad. Is ghlac siad le maistíneacht is le mianta. Le bás is beatha. Is gach smál ar mo cholainn. Is d'fhéach siad ar gach peaca a d'fhág a lorg. Is dúirt siad liom nach raibh ionam ach duine. Scaip siad mo laigí trasna na gcnoc is na gcnocán, go dtí nár aithin mé iad romham. Codlaím lena ndubh, déanaim brionglóid ar a nglas, éirím lena mbán. Impíonn a gcuid scailpeanna ar bhláthanna fás.

Is ghlaoigh comhrá na gcloch úd orm i gciúnas na hoíche. I nguthanna a cruthaíodh domsa amháin is i ndathanna nach ndamhsaíonn d'éinne ach mé. Le gach tuirling gréine, lagaíonn a nglaoch go gol geoine, go sioscadh síodúla, go dtí go n-éistear liom is go dtiteann mo chorp i gciúnas buíoch.

Rock confessions

There was something about that wind that called. The tormented, mournful wail, keeping one alert in the black of night, lest one got too settled. And the bare lands. Barren, scanty and unforgiving. Belonging only to the soul. Offering neither food nor drink, but only nurtured a persecuted soul. It was that wind that silenced me and left me wordless.

But it was from the rocks that the whisperings spilled, and it was them that enticed conversation from me. They blew forcefully through me, mouthfuls of words and vespers. With their succulence, their white-skinned scabs, their sharp points, moss-covered like a green blanket. And when split, there inside, was the heart of the light. An unmeasurable light, a purity and softness of the newborn's skin at their core. The ancient ghosts of our forefathers sat inside like judging priests, philosophical, reflective, thoughtful shadows and it was with their pointed fingers that they beckoned me to confession. Those rocks took my hands and placed them on my beating heart. Accepting my thuggery and desires. Life and death. Each bodily stain. They looked at every sin that stained. They told me I was but human. They spread my weaknesses over mountains and hills, until I did not recognise them. I sleep with their black, dream of their grey and wake with their white. It is in their crevices that flowers are compelled to grow.

And those rock conversations called in the silence of night. In voices created for me alone and in colours that only dance for me. With each sun's descent, their calling weakens to a whimpering cry, to a silken whisper, until I am heard and my body falls into a grateful silence.

An Teampall Óir – Amritsar, 2005

Ricseá, grágáil dhíoltóirí eascainne, cáblaí leictreachais fite mar spaigití os cionn, beithíoch sínte trasna an chosáin ag cogaint na círe. Cácaí chac bó cruaite ar bhóithre. Margaí spíosraí ag spochadh ar shrón. Siúd romhainn an cruinneachán óir ag béicíl sa ngrian. Mar laoch stalcánta sa gcíor thuathail.

Bhaineamar dínn ár mbróga, á leagan i measc abhainn slipéir plaisteacha is seanbhuataisí lúbtha leonta ag lorg cos throm. Shnaidhm muid na scairfeanna trasna ár gcinn, á gceangal faoi smig, á ndíriú dá chéile. Meallann an ceol taibhsiúil trí na háirsí bána muid, dár nglaoch chun adhartha is ómóis. Cantaireacht chroíúil chreathach, glór domhain crónánach ó chliabhrach is croí. Táimid slogtha i gciúnas is gach coisméig ar an marmar mín sleamhnach ag ceansú bhun na gcos leis an bhfuacht. Leánn faoiseamh is síocháin an corp. Táimíd amú in áilleacht na ré inné.

Go héadromchosach a shníonn na mná tharam, i slaodanna cuachta, an hine is na seodra órga mar chogarscread orthu. Tá an domhan balbhaithe, is torann an bhaile seo plúchta ag suaimhneas. Cloisim brón, caoineadh, sean- nós mo shinsear do mo ghlaoch. Seasann muid sa tsraith nathrach i dtreo bhuile chroí an teampaill, ar dhroichead óir, go mblaiseann muid dá chomaoineach mhilis, go gcuirtear ar ár dteanga í le méara daite ag tuirmiric, is slogann muid síos píosaí de chroíthe is cnámha na Suíceach isteach inár gcorpanna.

The Golden Temple – Amritsar, 2005

Rickshaws, the braying of the eel sellers, spaghetti-like wires overhead, cattle stretched across on paths cud-chewing. Cakes of cow dung hardened on the roads. Spice markets sparring with the senses. There before us is the golden dome, screaming in the sun. A steadfast hero amongst the chaos.

We removed our shoes placing them amidst a river of plastic slippers and old boots, bent and sprained by heavy feet. We knotted the scarves across our heads, tying them under chin, straightening them for each other. The ghostly music entices us through the white arches, beckoning us to adore and respect. Hearty, trembling song, deep-voiced, vibrating from chest and heart. We are swallowed by silence and each footstep on the shiny smooth marble floor appeasing the soles of our feet with the cold. Relief and peace melt the body. We are lost in the beauty of yesterdays.

Hiss-whispering, huddled swaths of adoring women weave past feather-footed, adorned with henna and golden jewels like silent screams. The world is muted, the din of this town is smothered in calm. I hear the sadness and weeping of my ancient fathers' beckoning. We stand in a snake-like queue towards the beating heart of the temple, on a golden bridge, to taste its sweet communion. It is placed on our tongues with turmeric-stained fingertips, and we absorb the Sikh heart and bone into our bodies.

Nuair a chailltear grá

Ní fhacthas an ghríosach dhearg úd cheana. Chuardaigh mé thú i ndorchadas na hoíche is i mbrionglóid mhoch an mhaidneachain. Rinne mé búireach ar do shon sna sráideanna, sna haibhneacha, sna farraigí is sna flaithis. Ghlac mé do chorp i mbarróg bhréagach. Níor aithin tú mo cholainn fholamh, níor chuala tú an macalla im' chnámharlach 'do ghlacadh.

Sciob tú gorm na spéire, chuir tú solas na gréine i scáil do phóca, an glas ón bhféar daite liath. Thaosc tú an t-uisce as na scamaill, bhrúigh tú na tuiscintí isteach faoi mo theanga, chuir tú síolta chomh domhain nárbh fhéidir leo solas a shroicheadh. Is dhoirt tú gaineamh i dtriomach mo phíobáin gur fhás tríom brí fathaigh, glór gártha, gur thóg mé coiscéim an chreidimh is gur tháinig sásamh saoil.

When love is lost

I hadn't seen those red embers before. I searched for you in the black of night and in the dreams of morning's dawn. I bayed for you on streets, in the rivers, in the seas and the heavens. I accepted your body in a false embrace. You didn't recognise my empty body, you didn't hear the echo of my accepting bones.

You pilfered the sky's blue, pocketed the light from the sun, you grayed the green grass. You drained the rain from the clouds, pushed the words under my tongue, planted seeds so deep that they couldn't reach the light. You poured sand in my parching mouth until the strength of ogres and a strong voice grew through me, until I took the leap of faith and satisfaction of life came.

Baile bodhar

Ardaíonn d'fhuarchúis mar ghal ó do chosáin chlocha duirlinge. Thóg mé glúin nochta ar thóir do ghrá is do ghlacadh. Nocht mé mo chliabhrach lom. D'ardaigh mé mo bhosa oscailte romhat. Rinne mé púitseáil phéisteach faoi do chraiceann ar thóir do ghrá, laige do chroí. Rinne mé spailpínteacht uait chun athcheangal leat. Shín mé mo cholainn trasna do thairsí.

Gan focal, géarshúil, ná scuab chúl do bhos, dúirt tú nach leor mé. D'iarr tú orm mo theanga is mo chroí a fhágáil i mbosca folamh ar an tairseach. Is do shráideanna a shiúl mar strainséar caoch. Chiúnaigh tú béal mo shinsear, á gclúdach, á mbalbhú. Dúirt tú liom, a chathair a chara, cúl-chasta, nár leatsa mé arís is arís. Rinne tú é a shioscadh i mo chluas, bhúir tú é im' láithreacht. Is roinnfidh mé mo chroí anois i dtalamh le cluasa úra. Dóibh siúd a thuigeann gur úll óir mo theanga. Gur seoid gach focal a dhoirteann as mo dhaoine, mar gur smior cnámh is fuil dhearg na broinne iad. Sínfidh siad breosla chugam, filleadh ar ais is d'fhuarchúis a chur trí thine le háilleacht mo chogarnaíola. Feicfidh tú m'anam fós romhat, a chathair chrua, ag screadaíl is ag búireach, is aithneofar gurbh iad mo dhaoine ar shín chugatsa cuisle do chroí.

Deaf town

Apathy rises from your cobbled streets, steam-like. I have knelt naked for your acceptance and love. Bared for you my beating chest. Raised my opened palms. I have rummaged beneath your skin snake-like, in search of your kindness, your weakened heart. I have wandered from you to reconnect with you. I have stretched my body at the foot of your door well.

Without a single word, an eye-roll, a brush of the back of your hand, you tell me I'm not enough. You ask that I place my language in an empty box at your threshold. To walk your streets a blind stranger. You have silenced my forefathers' mouths, smothered them, dumbed them. You have told me Tribe city, back-turned, I'm not for you, time and time again. You whispered it in my ear, bellowed it in my presence. So now I share my heart in fresh lands. To those who will see that my tongue is but a golden apple. That each word that falls from the mouths of my people is precious for they are the marrow of bone and blood of womb. They will strengthen me to return and set your indifference alight with the beauty of my whisperings. You'll see my soul yet, hard city, as I'll present it screaming and yelling, and you'll see that my people are those who have handed you the very beat of your heart.

An cróinéir, an corpán is cúis bháis Rachel

'Rachel, atá ort, is tú romham ar an leac leathan leis seo is mé ag oscailt do chliabhraigh ar thóir chúis do bháis, Is an formaildéad seo 'mo chaochadh? Damhsa is dóigh a b'fhearr leat, gúnaí leathana is cumhacht na sál ard úd. Ach nach sin eolas ar bith domsa, a Rachel, is níl aon bhaint aige sin le mo chuid scrúdaithese. Tá an lansa ag feannadh na matán féitheogach díreach cruinn, a Rachel. Nach éasca é sin?

Is tú seacht mbliana déag? Sin óg go leor. Ná bíodh imní ort mar go dtabharfar sochraid dheas duit nuair a bheidh mé réidh leat, le dínit, le mórtas, onóir. Rud nach bhfaighfeá dá mbeifeá ar an tsráid mar a bhí, le drogall na hoíche, ag saothrú, chun bróga a chur ar chosa do bháibín is cairdeagan beag dá corp is dóigh? Is thug an *meth* sin suaimhneas duit ar feadh cúpla lá nó uair an chloig nuair a bhíodh do bhuairt 'do bhá is an phian ag piocadh asat? Is nárbh áit mhaith an saol seo duit? Is cá raibh do mháthair, a Rachel, is tú ag sá na snáthaidí sin i do cholpa, do cheathrúna, is i ladhar do chos? Is áit ar bith a raibh féith le fáil nó le feiceáil, is an tnúth millteach sin le beathú go práinneach? Is anois an formaildéad mar gha i mo pholláirí. Cá raibh siad uilig is tú ag milleadh an choirp leis an nimh sin? Ar thóir fuascailte is ciúnais is foscaidh dod chailín? An raibh a gcuid féithe féin le beathú acusan is a gciúnas féin á sheilg acu ó ruaille buaille is clampar an chinn?

Táim ag foghlaim fút mar dhuine anois an bhfuil a fhios agat, a Rachel, is ní mar chorpán fuar os mo chomhair ar an leac lom seo. Ach go bhfuil ormsa teorainn a chur idir mé féin agus do scéal a Rachel, an dtuigeann tú? Mar go gcuirfeadh sé isteach ar chodladh m'oíche is beidh mo ghoile truaillithe ag do chás.

Is d'athair, a Rachel? Imithe le fada an lá? Imithe óg is go fánach? Is d'fhág sé is tú óg go faillíoch, is a chuid féitheacha féin ocrach freisin? Is ní dhearna tú ceangal leis an scoil, a Rachel? Níor tugadh armlón duit a d'athródh do shlí? Ní fhaca éinne thú, a Rachel, is ní dearnadh do chás a phlé? Níor cuireadh súil ort a Rachel, ná níor éisteadh le do scéal? Is nuair a thit tú a Rachel, cé a ghlan suas do chuid glúine is a thug compord dod' chorp is dod' chaoineadh? Ar chaoin tú, a Rachel? Nó ar thug tú faoi deara go luath nárbh fhiú? Is gur cur

The coroner, the cadaver and the cause of Rachel's death

'It's Rachel right, before me on this bare wide slab as I open your chest in search of the cause of your death blinded by the sting of the formaldehyde? I suppose you liked to dance, those wide dresses and the power of those high heels. But that has little to do with my assessment. The blade cuts through these sinewy muscles, straight and accurately, Rachel. Isn't that easy?

And you're seventeen? That's young enough. No need to fret, as I will give you a nice funeral when I'm done, with dignity, pride and honour. Something you wouldn't get if you were on the streets like you were, with the dread of night, earning, to buy shoes for your baby's feet and a cardigan for her little body I suppose. And that meth placated you for a day or two, or in the hour when distress consumed you and your pain prickled. Was this world not good for you? Where was your mum, Rachel as you pierced your calves, your thighs and between your toes with that needle? Or anywhere where you could see a vein and that desire to be fed immediately? The formaldehyde now stinging my nostrils. Where were they all when you were destroying your body with that poison? In search of shelter and silence for your girl? Had they their own veins to feed and their own silence to seek from the chaos and the disruption of the mind?

I'm learning about you as a person now, you know, Rachel, and not as a cold cadaver streteched before me. But I must create a distance between me and you, Rachel, do you understand? As it may interfere with my sleep, and my appetite will be destroyed with your case.

And your father, Rachel? Gone a long time now? Young and purposeless? And he left you neglectfully, his own veins hungry? And you didn't connect with school Rachel? You weren't armed to change your route? No one saw you, Rachel, your situation was not discussed? No one cast an eye on you, Rachel? No one listened to your story? And when you fell, Rachel, who dressed your knees and comforted your body and cries? Did you cry Rachel? Or had you learned the futility of your tears? That crying was a waste of time? That crying was weakness and that you were better off in other chambers of the mind, those empty noiseless rooms? The lungs are dark, Rachel, with the abuse, and

amú ama a bhí sa ngol céanna? Gur lagar a bhí ansin is go mb'fhearr a bheith i seomraí eile do chinn, seomraí folamh gan an torann sin? Tá na scamhóga dorcha, a Rachel, leis an mí-úsáid, is do stair os mo chomhair mar phíosa litríochta. Ach inniu níl uaim ach cúis do bháis, a Rachel, cúis do bháis, an dtuigeann tú? Is nach dteastaíonn scéal fada mar sin uaim. Mar gur eolaí mise is ní eolaíocht é sin, ná fianaise, ach gnéithe sóisialta nach féidir liomsa a athrú is gan aon bhaint agamsa leis na scéalta sin. Ní thugann mé suntas ar bith dóibh siúd, is nach suim domsa nach raibh bia i do bhéal, ná díon os do chionn, ná dídean agat sa mbáisteach, go raibh do chomharsan is do dhaoine i bpian is go ndearna an diabhal damhsa in bhur measc? Is go ndéanadh trasnú ar gach teorainn arís is arís eile. Is dóigh nach raibh fios agat cá raibh na teorainneacha , meas-tú a Rachel? Ní gá domsa na gnéithe a bheith ar eolas agam, ach mé súite isteach i do scéal, a Rachel, gan fhios dhom fhéin, is mé ag oscailt do scamhóg ag lorg chúis do bháis, ag seacht mbliana déag. Is gan duine ag cur do thuairisce, ach an páiste ocrach atá fágtha i do dhiaidh.

Anois, a Rachel, is tú fuaite suas le haire, an cineál láimhseála nach bhfaca tú riamh, is ar éigean lorg fágtha ar do chorp agam, is é mo bharúil, a Rachel, gurbh é an *meth* cúis do bháis.

Sin é mo thuairim ghairmiúil.'

your history is in front of me like a piece of literature. But today I seek only the cause of death, Rachel, the cause of death, you understand? I don't need such long stories, as they are neither science nor fact, but social affairs that I cannot control, as I am a scientist and those stories are of no use to me. I pay no heed to those, they are of no use to me, that there was no food in your mouth, no roof overhead, no shelter from the rain, that your people were in pain and the Antichrist danced amongst you, that every boundary was crossed time and again. Did you know where the boundaries were, do you think, Rachel?

I needn't know the details, but I am absorbed into your story Rachel, without awareness, as I open your lungs, in search of your cause of death, at seventeen. With no one inquiring after you and a hungry child left behind.

Now Rachel, as you are sewn up with care, a type of handling you've never seen and hardly a mark left on your body, it is my conclusion, that the meth is the cause of your death.

That is my professional opinion.'

Na crainn screadacha agus pian gan faoiseamh

Déanann siad geonaíl is gol, a gcaoineadh lag ar éigean ag sroichint druma-
mo chluaise, déanaim siúl éadrom ar bharraicíní na gcos uathu, chun a mbrón
a sheachaint is a bpian gan faoiseamh a fhágáil leo.

Trasna droichid chama, an eoclaip mar scáth, ag tolladh m'anama, ag sosadh
i gcéadfaí, is glaonn siad ar m'amharc, na crainn screadacha úd lena bpian
gan faoiseamh.

Is casann siad mo cheann mar pháiste linbh, suíonn a gcrá orm mar phluid
bhuartha. Na crainn úd lena gcaoineadh, tirim is briosc, folamh, seasc, a
gcraiceann sceite mar chalóga scilligthe fágtha gan mheas ag bun a gcolainne.
Glaise a nduilleog, brí a ngreim, fiú gan suim ag agairt beatha is foscadh ón
bpian úd gan faoiseamh.

Éalaím go héadromchosach, gan fhios conas a bpíobán a fhliuchadh, is brí a
ngéag a neartú, nó a bpian gan faoiseamh a chneasú. Déanann siad crúbaireacht
is cúbadh, búireach is béicíl, tafann is torann, gnúsachtach is grágaíl, agóid,
lag-ghéilleadh. Fanann siad leis an ngrá, le hadhair a n-áilleachta, le fáilte ón
gcuairteoir seo go dtí a bhforaois gheal, a n-ithir ghainmheach, go dtabhar-
fainn fóirithint dóibh ón bpian úd gan faoiseamh.

Seasann an jacaranda úd go gaisciúil, ag beathú a cholainne, a dhathanna ag
screadaíl, is titeann na sluaite i nglúin, i bpaidir bhuíoch roimhe, a dhúlasair
ag searradh óna chorp borrach. I láthair feicthe. Cloiste. Aitheanta. Ag diúl
beocht as a chomharsan níos laige, níos gránna, iad siúd atá tite, leonta is
súite i gclampar a gcatha, le hais na gcrann féir úd, dúshlánach ach fós ina
seasamh. Gróigeann siad i ndóchas, nach mbagraíonn an ghrian – a solas ná a
teas – nach dtabharfadh sí faoi deara go bhfuil siad ar imeall a mbeatha is go
bhfuil siad ar éigean beo is ag déanamh a ndíchill an phian úd, an phian gan
faoiseamh úd, a chneasú.

Tá na géaga fuara do mo chéasadh. Olagón na gcrann ag láidriú. Le gach cor is
gach caoineadh, screadann siad ar thóir fliucháin, babhta taise, leachta, gaile,
is déanann siad bulaíocht ar m'anam leis an bpian gan faoiseamh.

The screaming trees and the pain that I cannot fix

They whimper and weep, their faint cries hardly touching my ear as I tiptoe by, avoiding their sorrow and the pain that I cannot fix.

I cross the crooked bridges with the soul-aroma of eucalyptus resting in my senses, but they beckon my eye, those screaming trees with their pain that I cannot fix.

They turn my head, their sadness sits on me like a weighted blanket of sorrow. Those trees and their wailing, brittle and thirsty, empty, dry and barren, their crumbling coats like flaking figments left abandoned at their roots. The greyness of their leaves, weakly gripping and begging for life and shelter from the pain that I cannot fix.

As I slip on by, lightfooted, not knowing how to quench their parched throats and their pain that I cannot fix. They cower and crawl, squirm and squeal, bellow and bark, plead and weakly yearn, they wait for the love, their beauty to be adorned, to be welcomed by this visitor, to their bright forests and parching soil, to soothe the pain that I cannot fix.

The jacaranda stands proud, feeding its body, its colours screaming, crowds fall to their knees, in an ache of appreciation, its purple blaze alight, aloft. Present, acknowledged, heard, seen. Absorbing the life of its lessers, the weaker, the uglier, the fallen who have given up and resigned defeated in struggle, aside the grass trees defiant but not broken. They huddle, in the hope that the menacing, piercing sun doesn't notice them in their quest to stay alive and heal the pain that I cannot fix.

The cold branches persecute me. Their screaming intensifies. With each twist and cry, they beg me for softening moisture, the damp, liquid, and they spar with my soul with their pain that I cannot fix.

I hear their turmoil, cascading, stubborn but not yet broken, their audacity welcomed by the chuckling Kookaburra perching its pointed feet upon their empty branches and singing its lifeful song amongst its dead home. I see a

Cloisim a gcíréib, ag scairdeán, go stalcach, a ndánacht á cheiliúradh ag an gcúcabarra lena chuid sciotaíola, seitgháire is fiodmhagadh, a chosa gobacha i ngreim ar a ngéaga folamha, ag gleáradh a chuid foinn bríomhar i lár a theampaill thráite bhásaithe. Feicim comharsa romham. Ní dhéantar caint, ní roinntear scéalta, ní dhéantar admháil, ní fheictear an phian úd gan faoiseamh.

'Conas a chneasím do phian?' a cheistím. Mar go dtriomaíonn do thart mé, is go ndónn do bhrón mo phíobán. Crá gan chneasú is mé ag siúl tríd an bhforaois seo.

'Ní muid do chrainn,' ar siad. 'Níl muid uait. Ní bhaineann muid leat. Níor fhoghlaim do shúile fós, go bhfuil áilleacht ag baint linn, is tá do lámha fáilteacha fós fágtha i ndomhain do phóca.'

Stadaim. Éistim.

'Tá do chrainn dorcha, túir chumhachta iad, ginearáil na foraoise, ceannasaithe na páirce, máinlianna an anama, coimeádaithe glórmhara, leannáin shaoil. Táimíd lag ina measc. Tá orainn ardú, adhradh. Tógtar glúin rompu. Tá a n-anamacha sean is críonna. Insíonn a gcoirp scéalta, diúlann is doirteann siad dánta. Déanann a mbrainsí brásáil orainn. Suíonn siad lena gciúnas. Suíonn siad lena gcalm. Cloiseann siad dúinn ár bpaidreacha. Cuireann siad cruth orainn.

Múnlaíonn a gcuid rún muid. Is glacann siad ár scéalta ina gcroíthe, is tagann ciúnas lena gcompord, is brí chumhachtach nuair a scarann muid leo.'

Chiúnaigh siad, na crainn screadacha úd timpeall orm, leis an bpian úd gan faoiseamh.

Ceistíonn siad is fiosraíonn siad, leagann siad a mbrainsí briosca is a ngéaga tartmhara go séimh trasna mo cholainne is mo chroí. 'Airíonn tú uait do chrainn, ní bhfuair tú fáilte uainn, tá do chrainn láidir, tá do chrainn stalcánta, muinteartha, is lán le dathanna an anama, cloiseann do chrainn agus insíonn siad duit go bhfuil fáilte romhat?'

Feicim go bhfuil a gcéadfaí géar, na crainn screadacha úd, cloiseann siad, airíonn siad is throid siad níos crua ná crainn le fliuchán is neart. Caoiním nuair a thugaim faoi deara go bhfuil a n-áilleacht níos doimhne ach nár sheas

neighbour. We don't converse, share stories, we don't admit, we don't see the pain that I cannot fix.

'How can I fix your heavy hearts?' I ask, 'For your pain haunts me and your thirst dries my throat, it's an ache without healing as I sojourn through your forest.'

'We are not your trees,' they cry. 'We are not for you. For your eyes have not yet learned to see our beauty and your welcoming hands are still deep in your pockets.'

I stop. I listen.

'Your trees are dark, they are towering pillars of power, generals of the forest, commanders in the park, surgeons of the soul, glorious guardians, lovers of life. We are weak amongst them. We must rise and adore. We kneel in their presence. Their souls are old and wise. Their bodies tell us stories. Their branches embrace us. They sit with their quietness. They sit with their stillness. They hear for us our prayers. They mould us.

Their secrets shape us. And they hold all our stories in their beautiful hearts, whilst we calm with their comfort and gain strength as we part.'

They quietened, those screaming trees, around me, with the pain that I cannot fix.

They query and question and gently place their brittle branches and thirsty trunks around my body and heart. 'You miss your trees and have felt no welcome from us? Your trees are strong, your trees must be sturdy? Your trees must be familiar? And full of soul-filling colour? Your trees listen and tell you that you are welcome?'

I note their sharp senses, those screaming trees, they hear, they feel and they have fought harder than trees with rain or moisture. And I weep as I notice their beauty is deeper, but I hadn't stood still and searched for its lingering or embraced their welcoming. They listened as I told them, those screaming trees about the pain I cannot fix.

Questions are asked.

mé rompu, nár chuardaigh mé é, nár aithin mé a gcroí. D'éist siad nuair a d'inis mé an scéal dóibh fúthu féin is a bpian gan faoiseamh.

Cuirtear ceist.

Déantar machnamh.

Féachaim isteach, feicim nach bhfuil mo lámha oscailte, nach bhfuil mo shúile ag breathnú, nach féidir liom a gcuid comharthaí fáilteacha a fheiceáil mar gur ionamsa atá an phian is an screadaíl gan faoiseamh.

Reflection made.

I look inward, I notice that my hands are not open, that my eyes are not looking, that I cannot see their welcoming signs as it is I who holds the pain that I cannot fix.

Faoin údar | About the Author

Julie Breathnach-Banwait is the author of two poetry collections. Her debut poetry collection *Dánta Póca* (Pocket Poetry) was published by Coiscéim in Dublin in 2020 and her second book *Ar Thóir Gach Ní* (In Search of Everything) was published in 2022. She is one of two Irish language poets currently writing in the Irish lan-guage in Australia. This is her first prose poetry collection and her first bilingual book.

Adaptations of these prose poems have previously appeared in *The Galway Review, Comhar, The Journal of the Australian Irish Heritage Association, Channel Lit Magazine, An Lúibín, Aneas (Munster Literature Centre)* and *Feasta*. Some have been broadcast as parts of various shows on RTÉ Raidió na Gaeltachta, Ireland.